Esta nueva colección editorial tiene por objeto la publicación de mis trabajos que recubren dos de los grandes campos de conocimiento y de aplicación más actuales: la Comunicación y el Diseño. Dos ámbitos de las ciencias sociales que han permanecido separados, de espaldas uno al otro hasta el presente por una mentalidad divisionista, taylorista, reduccionista en fin, ya superada, pero que todavía persiste.

Sin embargo, estas dos disciplinas en el contacto real con la vida económica y cultural, recomponen aquellas viejas subdivisiones en innumerables fragmentos de que fueron objeto desde mitades del siglo pasado.

De hecho, el Diseño es comunicación. Y la Comunicación utiliza todas las variantes del diseño y la tecnología, desde la señalética y los esquemas más sofisticados (gráfica industrial, grafos, algoritmos) hasta los medios visuales y audiovisuales e interactivos, que van del impreso a Internet. En consecuencia, nada justifica que Diseño y Comunicación, en sus múltiples y variadas manifestaciones, sean consideradas como dos mundos ajenos entre sí.

La presente colección quiere contribuir a reparar esta ruptura, aportar nuevos puntos de vista al debate actual sobre la cultura, y fomentar actitudes transdisciplinares para el desarrollo común de una acción integradora, tan importante en nuestra economía de la información y para la sociedad del conocimiento.

Joan Costa

han colaborado en la publicación de esta obra

Diseño portada Eric Olivares www.cocinagrafica.com

Concepto gráfico Andreu Balius

Maquetación Estudi Joan Parera

© Joan Costa 2007

© Costa Punto Com Editor
   Mossèn Cinto Verdaguer 4, casa 7
   08391 Tiana (Barcelona)
   e-mail: costapuntocom@megalink.com

Primera edición: Noviembre 2007

ISBN: 978-84-611-8136-0
Depósito legal: B-49286-2007

Impreso en España. Printed in Spain
Gràfic. Granollers - Barcelona

Todos los derechos reservados. No está permitida la reproducción total ni parcial de este libro, ni la recopilación en un sistema informático, ni la transmisión por medios electrónicos, mecánicos, por fotocopias, por registro o por otros métodos presentes o futuros, mediante alquiler o préstamo públicos, sin la autorización escrita de los titulares del copyright.

Señalética Corporativa

Contenido

    Interés de la señalética 11
    Prólogo de André Ricard

    Signos en acción 13

1. Señalética
    Qué es la señalética 17
    La palabra y la cosa 18
    La función social de la señalética 20
    Señalética y calidad de vida 21
    El valor autodidáctico de la señalética 22
    La especificidad de la señalética 23
    Hacia la señalética corporativa 24
    Señalización vial 25
    Señalética 25
    Señalación comercial 25
    Señalética corporativa 25
    La señalética en 10 puntos 26

2. Señalizar
    El marcaje de caminos, prehistoria
    de la señalización vial y urbana 31
    Señales y signos, referentes lejanos 32
    Breve historia de la señalización caminera 33
    La influencia del cristianismo en la señalización medieval 36
    La normalización de las señales viales en los siglos XVII al XIX 38
    La flecha, símbolo universal 41
    El código de la circulación 42
    Los convenios internacionales en el siglo XX 43

3. Señalar
La señalización comercial: una "señalación" 61
El surgir de la señalación comercial.. 62
El cartel moderno 65
El cartel, señal y mensaje.. 69
El *lettering espontáneo y popular* 71
La irrupción de la electrografía 72
La arquigrafía.. 72
La aparición de la señalética en el contexto económico 83
El embrión de la identidad corporativa 84
La señalación identitaria 86

4. El proyecto señalético
Diseñar programas señaléticos 91
La proxémica en la psicología de la señalética........................... 91
La señalética como lenguaje-guía 93
Principios sobre el lenguaje señalético 93
La flecha 94
Pictogramas 94
El caso de los Transportes en EE.UU. 97
Tipografía 103
Color... 104
La señalética como sistema 105
El proyecto señalético y su contexto 106
Metodología para el diseño señalético....................................... 110
Sobre metodología 111
Cómo proceder 111
El proceso en 6 etapas 112
Señalética e identidad: una fusión 117

5. Identidad y señalética corporativa
La era del marketing y la comunicación 121
Hacia la comunicación corporativa 122
Señalación y señalética en la arquitectura corporativa............... 126
El primer proyecto señalético del *Centre Pompidou*, 1974 127
El actual proyecto señalético del *Centre Pompidou*, 2000 131
La arquitectura corporativa y la imagen de las ciudades............ 134
Arte, arquitectura y espectáculo 164
Tecnologías de la innovación en la estética corporativa 167
El lugar de la experiencia emocional 170

Bibliografía complementaria 173

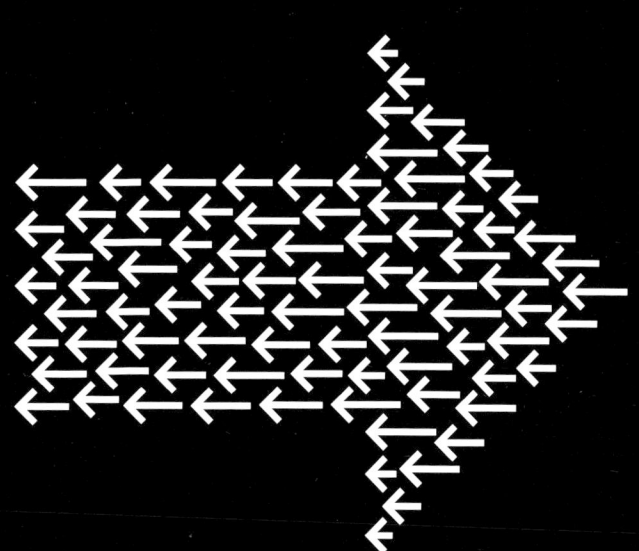

Interés de la señalética
por André Ricard

Estamos en un mundo transnacional en constante mutación, con creciente mestizaje y una incesante movilidad de personas, entidades y cosas. Cada vez resulta mas necesaria una clara percepción e identificación de todo lo que nos rodea. La gente ha de entender sin dificultad qué es qué y cómo orientarse, en un entorno tan complejo y variopinto. Es tanta la información que hay que comunicar en cada momento y lugar, que para hacerlo, ya no sirve el vocabulario académico. Se precisa un nuevo lenguaje más compacto que permita expresar mucho en poco. De ahí la importancia de la señalética cuya finalidad no es otra que la de comunicar información de un modo claro, breve y a la vez universal. Percibir, identificar y localizar es hoy algo que deviene de lo más esencial en este mundo tan complejo en el que las indicaciones orientativas ya no las facilita alguien, una persona, de un modo inequívoco, sino que cada individuo ha de entendérselas con la frialdad, a veces enigmática, de los signos.

De hecho, la señalética no sólo es necesaria para el buen funcionamiento de nuestras sociedades, sino que se halla en total sintonía con el comportamiento real de su gente. Vemos cómo la búsqueda de brevedad en la comunicación se produce, por sí sola, de un modo natural y espontáneo en la sociedad. Esta concreción del lenguaje se va instaurando en nuestra vida cotidiana. La gente habla cada vez menos y utiliza un vocabulario cada vez más limitado. No sólo es el ritmo de vida que lo induce, sino que las maravillas que nos brinda la tecnología nos lo van exigiendo. Se acabaron las charlas distendidas cara a cara o la cartas. Para comunicarnos utilizamos en prioridad el teléfono, los e-mails o los sms. Es cierto que esos medios resultan muy cómodos. Despachamos lo que hemos de decir con inmediatez pero son medios que por su propia esencia, nos llevan a ser escuetos: cada minuto cuenta. Así nos limitamos a comunicar lo esencial, el núcleo duro de lo que queríamos decir. Siendo así que se va imponiendo un estilo casi "telegráfico" con poco vocabulario. Ya no se usan esos matices que enriquecerían lo expresado. La información se concentra en un lenguaje básico.

Pero esta parquedad verbal resulta aún más notable en los escritos sms. Ellos han ido generando de un modo salvaje un idioma propio nada académico. Es un lenguaje paralelo que la gente se ha sacado de la manga. No son ni ideogramas, ni pictogramas elaborados, utilizan parte de las palabras habituales, pero con un deletreo con abreviaciones brutales. Surge así una nueva ortografía en clave fonética que contrae lo grafiado hasta su mínima expresión. La gente se entiende así "à demi-mots". Es un fenómeno que se va imponiendo y que demuestra que estos tiempos de tanta comunicación precisan de nuevos modos de comunicar más escuetos. Siendo así que la señalética está plenamente en línea con lo que la sociedad requiere.

De ahí el interés de este libro que da cuenta no sólo de los orígenes lejanos de este modo de comunicar, sino también de todas las implicaciones que tiene hoy en nuestra sociedad. Un texto que aporta de un modo exhaustivo toda la información que esta nueva disciplina requiere. Joan Costa que tanta actividad investigadora y docente ha desarrollado en el campo de la comunicación visual era quien mejor podía recopilar de un modo didáctico todo lo que sobre ello había que saber.

André Ricard

Signos en acción

Este libro es un ensayo sobre nuestro entorno diseñado (*environment*), nuestro medio ambiente artificial. El entorno es el crisol donde se funden y se confunden -a veces en una feliz integración y otras veces en un desorden agobiante- los aciertos y los desaciertos del urbanismo, la arquitectura, el diseño industrial y el diseño gráfico, con las leyes y ordenanzas administrativas (o con su ausencia) que emanan de quienes son los responsables de la imagen de nuestras ciudades.

Las empresas son actores sociales cuya presencia a través de la arquitectura adquiere una importancia relevante más allá incluso de ellas mismas, ya que su inserción en el paisaje urbano y su integración en el perfil de las ciudades las covierte a menudo en puntos destacados de referencia de la misma fisonomía identitaria.

Nos interesa aquí, en este cuadro apenas esbozado, el *diseño gráfico* en su sentido más fuerte de diseño *de comunicación* y *de información señalética*.

El entorno es cada vez más urbano, y así seguirá. Es también, cada vez más espacio abierto, espacio público. Sucesiones diversas de espacios de acciones, que atravesamos y habitamos -muy a menudo ocasionalmente- en el devenir de la vida cotidiana. En este entorno multiforme y diverso, los desplazamientos, los viajes, la movilidad en fin, están asimismo cada vez más vinculados a *servicios*: desde los perentorios y de urgencia y los administrativos hasta los más habituales, en los cuales realizamos tareas, gestiones y transacciones que devienen de la economía cotidiana, la adquisición de bienes y servicios, incluidos por supuesto los servicios culturales y educativos, del ocio, el transporte y la diversión.

Estos entornos en los que circulan y se desenvuelven nuestras vidas son soportes privilegiados de signos y mensajes, donde la *flecha* es un universal de la cultura planetaria. El entorno es un contínuo contenedor de estímulos visuales que nos guían, nos informan, y facilitan la legibilidad y la utilización de ese entorno transmitiendo informaciones y valores estéticos en el fluir de la cotidianidad. Pero coexistiendo con todo esto está también el desorden, el mal gusto, la inoperancia y el exceso, que contaminan y afean el espacio público, al que agregan excesivas cargas de "ruido visual" -tan molesto como el ruido acústico-, y al que he llamado *basura material y semiótica*, porque nos estorba, nos agobia, nos crea desorientación y tensiones.

El trabajo del comunicador visual, el diseñador gráfico y el visualista, con los recursos técnicos disponibles en cada momento, están aquí para unirse a los responsables de la calidad del entorno -que es calidad de vida- y a los urbanistas, arquitectos y sociólogos, y para hacer más inteligibles, más agradables y atractivas, y sobre todo más habitables, nuestras ciudades. Y, por extensión, más visibles y accesibles las empresas e instituciones, y los servicios que en ellas se ofrecen.

Una tal visión abierta de *entorno de mensajes* es, evidentemente, una visión sociológica. Los sociólogos, a diferencia de los iconólogos y los historiadores del arte, han sido los primeros en entender las imágenes y los signos como *fenómenos de comunicación*, es decir, como *hechos sociales*. Y en este sentido, el entorno urbano y arquitectónico es, de hecho, un contínuo de escenarios de actos, paisajes de acciones, escenarios de vida y de relaciones donde los *mensajes* y los *signos* les dan significado y *sentido de identidad*, y agregan valores funcionales, utilitarios y estéticos.

La diversidad de elementos visuales, luminosos, dinámicos y estáticos, discretos y llamativos, coexisten para señalizar, señalar y balizar los espacios públicos, abiertos a todos, así como los espacios semipúblicos que vinculan su acceso a la lógica del intercambio económico: servicios médicos, comercios, bancos, espectáculos, transportes, museos, etc. Esta diversidad de estímulos visuales que pululan en las estaciones del metro, las paradas de autobuses, los paneles del tráfico, las enseñas de los comercios, los carteles, los indicadores callejeros, las columnas anunciadoras, las carteleras, las fachadas de las instituciones, de los hoteles y los restaurantes, los cines, los museos y los grandes eventos colectivos, constituyen en conjunto una diversidad tan rica y ubicua que se puede considerar como un verdadero y denso *tejido de estímulos, señales y signos* superpuestos ininterrumpidamente al paisaje urbano y que llegan a constituir un *discurso autónomo* para el analista y el observador que se interesan por este lenguaje visual que da voz y rostro a las empresas, las instituciones y las ciudades.

Comprender este discurso, este tejido cruzado de señales, imágenes y colores, signos y símbolos, marcas y logotipos, flechas, pictogramas y mensajes -y las técnicas que los materializan- para hacer más eficaz la información pública y los escenarios de nuestras acciones, son los objetivos de este libro.

Joan Costa

1 Señalética

Qué es la señalética

Si la *señalización* vial y urbana es un fenómeno producido a primeros del siglo XX por la economía industrial, el auge de los vehículos motorizados, el transporte, la necesidad de los desplazamientos, la organización y la seguridad del tráfico, la *señalética*, por su parte, es una necesidad creada por el crecimiento de los servicios y el aumento de las empresas prestatarias en una *sociedad-mercado*: servicios públicos básicos, servicios privados, fuentes de productos, de bienes culturales, que son considerados en conjunto como indicadores de calidad de vida.

Señalética es el término técnico que designa los *sistemas de señales de orientación para el público* en los espacios cerrados o al aire libre donde se prestan *servicios*.

Señalética es la disciplina proyectual de diseño de comunicación visual que tiene por objeto hacer inteligibles y fácilmente utilizables los espacios de acción de los individuos. La señalética es un medio de *información* y forma un triángulo interactivo con la *arquitectura* (espacios, flujos de personas, desplazamientos) y con la *logística* de los servicios (itinerarios, puntos de información y gestión).

La señalética responde a la necesidad de *información y orientación* que está provocada, y multiplicada al mismo tiempo, por el fenómeno creciente de la movilidad social y la proliferación y diversificación de servicios. La movilidad social supone, en su dimensión mayor, el flujo de grupos de individuos de diferentes procedencias geográficas y distintos caracteres socioculturales, que se desplazan de un punto a otro por motivos diversos.

Esta dinámica social implica la idea de *circunstancialidad*, es decir que el paso de los individuos por determinados espacios y su permanencia en ellos es aleatorio o esporádico y contingente, como efecto de una actividad itinerante por naturaleza. Por tanto, ello comporta situaciones "nuevas" para muchos individuos, desconocimiento de la morfología y la organización de estos lugares que, por consiguiente, suponen un alto grado de indeterminación. Todo ello suscita dilemas a los usuarios, dudas que dificultan sus acciones e incluso a veces implican riesgos.

Obra del artista Peter Klasen.

Y sin embargo, esos lugares deben ser descifrados, comprendidos y utilizados por gran número de individuos en la misma medida que ellos se insertan en múltiples entornos oferentes de servicios, algunos de los cuales a veces resultan perentorios: ¿dónde está el dispensario en un aeropuerto?, ¿a dónde recurrir cuando he extraviado mi equipaje?, ¿dónde están los servicios médicos de urgencia?

Estas situaciones de la vida cotidiana plantean otros problemas adyacentes que derivan en especial de la promiscuidad social de los grupos itinerantes concentrados ocasionalmente en lugares de paso como un aeropuerto, un complejo deportivo, grandes superficies, administración pública, etc. Esta promiscuidad social introduce a la función señalética variables tan determinantes y complejas como las derivadas de las diferencias lingüísticas y culturales; los problemas de agudeza visual o de lentitud de reflejos en personas ancianas; los componentes situacionales psicológicos... Circunstancias todas ellas que en el orden comunicativo exigen un *sistema de lenguaje universal*.

La palabra y la cosa

El término "señalética" proviene de la lingüística, del habla, del lenguaje verbal o fónico: "fonética", que es el conjunto de los sonidos de una lengua.

El vocablo "fono", del griego *phone*, que significa "voz", "dicción", da lugar a términos formados con *prefijos*, como fonación, fonema, fonética, foniatría, fonografía, etc., y *sufijos*, como teléfono, megáfono, magnetófono, micrófono, audífono, vibráfono, etc.

Así, lo que llamamos "notación fonética" es nuestro sistema de escritura alfabética. En él cada letra representa un sonido del habla y cada palabra es simbolizada por su grafía, la forma de su escritura. En 1933 y 1954, Bloomfield y Pike, respectivamente, separaron del vocablo "fonética" el sufijo "ética" y lo utilizaron para designar los "sistemas de signos no lingüísticos"[1], como por ejemplo, la expresión "mimética", que se refiere a la mímica y la imitación; la "aritmética", la "genética", etc. Y, por supuesto, la "señalética", donde la raíz "fono" (de fonética) ha sido sustituida por el prefijo "señal" (estímulo visual).

[1] Roland Posner, *La syntactique. Sa relation à la semantique et à la morphologie et la syntaxe, à la syntagmatique et la Pragmatique*. Documento privado, Technische Universität, Berlin, 1985.

Lingüística	**Fonética**	Conjunto de los sonidos de una lengua
	Notación fonética	Sistema de escritura donde cada letra del alfabeto representa un sonido del habla
Percepción	**Señal**	Estímulo físico que atrae la atención sobre sí mismo y contiene significados
Semiótica	**Señalética**	Sistema de notación espacial por medio de *señales* visuales de información y orientación

Las aportaciones científicas a la disciplina (lingüística, percepción, semiótica) nos dan la clave semántica del término *señalética*, que designa *"el sistema de comunicación espacial no verbal en el que los enunciados son representados por signos y símbolos visuales (los mensajes) inscritos en sus soportes materiales (las señales)"*.[2]

[2] J. Costa, *Señalética*, Enciclopedia del Diseño, Ediciones Ceac, Barcelona, 1987.

Evidentemente, cada sistema o lenguaje de comunicación impone sus propias reglas que lo definen como tal. La señalética une a éstas otras condiciones, entre ellas la *naturaleza* de los signos: alfabéticos, cromáticos, icónicos. También impone unas determinadas *funciones* comunicativas a cada uno de éstos dentro del sistema de acuerdo con la organización del espacio de acciones. Y finalmente, el sistema mismo está determinado por las "situaciones" de percepción y utilización de las informaciones por los individuos.

Es de notar que el término *señalética* no posee su correlativo semántico en la terminología anglosajona, ni parece que en este ámbito lingüístico exista una conciencia práctica de la especificidad de tal disciplina. "Señalética" significa mucho más que lo que se ha denominado *architectural graphics, environmental graphics sign systems, architectural signing, archigraphics,* etc., términos ciertamente paradójicos, porque por un lado son demasiado genéricos, y por otro, demasiado limitativos. En nuestro concepto, todos ellos quedan comprendidos en la señalética, que es una disciplina mayor que incluye y utiliza todas estas especialidades y variaciones del diseño de comunicación visual.

Lo que ocurre es que, debido a estas denominaciones diversas y dispersas, no encuadradas en su nexo común (la señalética), la literatura sobre el tema ha mezclado y confundido la señalización vial y urbana, la gráfica comercial, los rótulos de establecimientos, la decoración exterior de edificios, las inscripciones murales y la rotulación (*lettering*), el tratamiento publicitario de fachadas, las enseñas, los graffitis, los supergrafismos, los *trompe-l'oeil* y hasta el escaparatismo. A todos los cuales trata como si fueran actividades independientes. Realmente, todas ellas se incluyen en la señalética. Una disciplina mayor que se fundamenta en cuatro principios científicos: la teoría psicológica de la percepción, la ciencia de la comunicación visual, la psicología del espacio y la teoría de los actos.

Véase como ejemplo unas referencias bibliográficas significativas de este estado de ambigüedad conceptual alrededor de nuestro tema: *Sign language*, de M. Constantine y E. Jacobson (1961); *Signs in action*, de James Sutton (1963); *Symbol sourcebook*, de Henry Dreyfuss (1972); *Architectural Signing and Graphics*, de J. Follis y D. Hammer (1979); el bello libro de mi amigo Gilles de Bure, *Des murs dans la ville* (1981), que incluye los graffitis; *Gráfica del entorno: signos, señales y rótulos*, de M. Sims (1991); *Designage*, de A. Schwartzman (1998). He aquí unos ejemplos bien característicos que puntúan la literatura sobre las variedades de la gráfica urbana y arquitectónica. Pero en las que el concepto global y la disciplina señalética están ausentes.

Este estado de cosas fue lo que me impulsó a escribir, en 1987, el libro *Señalética*, ya citado. En esta obra di a conocer la palabra "señalética" en lengua española, que pronto se incorporó al lenguaje técnico y se popularizó incluso más allá de él. Al mismo tiempo que introduje este término (que existía en francés y en italiano), desarrollé el aspecto teórico y la metodología -en otros países de Europa la señalética se practicaba de manera todavía empírica-. A pesar de que existían diversas publicaciones sobre aspectos parciales que la señalética integra, mi libro del que ahora se cumplen veinte años supuso el aporte teórico y metodológico de esta disciplina.

La función social de la señalética

Toda acción humana que, con independencia de su finalidad, es orientada por medio de signos, se realiza según códigos que determinan las variaciones del comportamiento, es decir, los actos y las acciones de los individuos. La existencia de códigos implica la existencia de lenguajes compartidos. La señalética establece así un diálogo. Lo que en él se intercambia es *información por acción*.

Este principio explica un fenómeno general de la conducta humana "en situación". Pero no debe confundirse este término "conducta" con la idea de la psicología conductista (*behaviorismo*), que preconiza que el ser humano es un ser reactivo que sólo reacciona a los estímulos que le son enviados desde fuera intencionadamente por otros. En este sentido, "conductismo" no sólo se refiere al estudio de *la conducta* como expresión individual y colectiva, sino que pretende *conducirla* en la medida que quiere conformarla y controlarla. Es el reduccionismo que la expresión: "estímulo-respuesta" conlleva. Esta concepción mecanicista del ser como un *autómata* obediente a los impulsos de quienes lo dirigen desde fuera, es a todas luces una simplificación extrema, pues sólo se quiere ver la parte reactiva del ser y niega su libre albedrío, su voluntad, su capacidad para proyectar sus actos y sus decisiones, para elegir. No es de extrañar que la economía, la política, los medios, la propaganda, la publicidad, las ideologías, el Poder en fin, hayan hecho del conductismo su doctrina y su instrumento de control social.[3]

[3] J. Costa, *Reinventar la publicidad*, Fundesco, Madrid, 1993.

La función de la señalética está en las antípodas de la manipulación conductista de los individuos, a la que estamos tan acostumbrados. La señalética como *servicio* no obedece a ninguna intención manipulatoria ni pretende persuadir, dominar ni seducir. Estas son funciones de la propaganda y la publicidad, pero no de la información señalética.

La vieja idea de "poner señales" en los caminos, las rutas, los lugares que el hombre atraviesa y habita, ha sido desde los orígenes mismos una actividad de la voluntad de acotar, marcar, indicar y señalar para *orientar* y *orientarse* con el fin de hacer el entorno inteligible y mejor utilizable. La señalética, igual como la señalización del tráfico, es heredera de esta voluntad.

Poner señales o señalizar está ligado a una actitud utilitaria, es decir, de *servir informando*, y también de *proteger* (la parte de prohibición es inherente a la seguridad en la señalización vial y urbana).

Ciertamente, el campo de acciones humanas más general y abierto, el más activo y socialmente comunicativo es el conjunto de los entornos que atravesamos. Los espacios y lugares diversos que son el medio, el hábitat dinámico y punto de encuentro de la vida de la gente. Por consiguiente, éstos son finalmente los soportes de la comunicación más socialmente ricos. Y por esto mismo, ese es también el campo más propicio para el diseño de comunicación visual en su dimensión más evidente de *utilidad pública*.

El entorno diseñado (urbanismo, paisajismo, escenarismo) y construido (arquitectura, interiorismo) puede considerarse un enorme *contenedor de vida*. En él, la gente convive con los objetos diseñados y producidos por la industria, y con los mensajes difundidos por el diseño gráfico y las tecnologías de comunicación. Ahora bien, en señalética, la *función orientativa* tiene matices ya que se inscribe en un juego en el cual hay dos extremos: el que orienta y el que es orientado. Esto implica la presencia central decisiva de un tercero: el *usuario*, que de hecho es el primero. Con él se forma el triángulo de unas determinadas *motivaciones*: por parte de quien orienta (el diseñador) y de quien quiere orientar (su cliente), y por parte de quien es orientado (el público). Dependiendo de cada caso, podemos anotar cuatro variantes:

Orientar al ciudadano, peatón y motorizado, y al mismo tiempo protegerle y regular el tráfico. Es el objeto de la señalización vial y urbana.

Orientar al usuario de un servicio para facilitar el acceso a éste constituye en sí mismo *un servicio*. Es función de la señalética.

Señalar un lugar singular. Es una estrategia comunicativa de visibilidad y de competición en la vía pública, y es función de la señalación comercial.

Señalar la identidad de un lugar (empresa, institución) y *coordinar la orientación interna para el visitante, el usuario, la prestación del servicio*. Es la función de la señalética corporativa.

Señalética y calidad de vida

La señalética cumple funciones prácticas. Responde a las necesidades de información inmediata. De hecho se trata de obtener un conocimiento instantáneo, evidentemente puntual y, por tanto, efímero: un conocimiento de usar y tirar, que se requiere unívoco, preciso y seguro para todos los usuarios. Aquí y ahora. La señalética es existencialista por naturaleza.

La utilidad práctica de la señalética es efímera. Cada individuo la olvida en el mismo instante que capta una señal y la utiliza. Por eso he puesto el acento en el hecho de que se trata propiamente de una *información instantánea, de usar y tirar*, que funciona por la ley de "pequeñas causas, grandes efectos".

Así, brevemente esbozado el campo de acción de la señalética (que, como se verá en la parte 4, es un campo cuajado de obstáculos para el diseñador de información espacial), se comprenderá que la exigencia rigurosa de sus funciones esenciales como lenguaje sea la *instantaneidad*, la *información inequívoca* y la *universalidad*. Estas exigencias fundamentales definen la naturaleza y el objeto de la comunicación señalética en tanto que "*sistema de señales visuales o mensajes informativos en el entorno de acciones de los individuos*".[4]

[4] J. Costa, *Señalética*, op. cit.

La señalética propicia la identificación de los *servicios* que se ofrecen al usuario de un espacio público organizado, y facilita el acceso sin problemas a estos servicios. Informa al individuo puntualmente, dónde y cuándo éste necesita ser informado. De hecho, se trata de una información muy funcional, donde el mensaje semántico coexiste con el mensaje estético y el mensaje identitario. Son tres mensajes superpuestos.

Todo sistema señalético se supedita a *servir* a los individuos, haciendo que éstos *se sirvan* libremente de él. Individuos que son sujetos de una organización itineraria, usuarios transitorios de un lugar de acciones, y cuyo fin no siempre es el propio espacio como lugar de uso, lugar de actos, lugar de informaciones, sino como lugar de *acceso*, de *paso*, de *tránsito* o de *destino* a otros fines mayores que constituyen el proyecto de acciones de los individuos: visitar a un enfermo en un centro médico, ir de compras en un centro comercial, realizar un trámite o una gestión, viajar de un lugar a otro.

Tal como han demostrado una serie de estudios llevados a cabo por iniciativa del Consejo de Europa, la "calidad de vida" no es tanto, para los individuos consultados, la disminución de la contaminación ambiental, la recuperación de recursos naturales, el descenso de los ruidos industriales o la polución de las aguas. Es sobre todo, y de modo claramente expresado por los ciudadanos encuestados, la "fácil accesibilidad a los servicios" que la sociedad debe utilizar: servicios básicos estructurales, administraciones públicas, transportes, seguridad social, etc.

Tan importante y necesaria como la existencia de estos servicios es su *accesibilidad*. De modo que un servicio difícilmente asequible es difícilmente utilizable, y esta dificultad (o inversamente, facilidad) es uno de los elementos percibidos por la sociedad como "indicador de calidad de vida". En la medida, pues, que ésta se asocia a la "ausencia de problemas" y a la autonomía de los individuos en sus decisiones de acción, no es abusivo otorgar a los sistemas señaléticos eficaces el estatuto de "autoayuda": un coadyuvante psicológico -aunque discreto- a la calidad de vida.[5]

[5] Abraham Moles, *L'analyse et le groupement des indices de qualité de vie en fonction des besoins des individus*. Consejo de Europa, Estrasburgo.

El valor autodidáctico de la señalética

La señalética es, como hemos visto, una de las formas más específicas y evidentes de la comunicación funcional en un mundo caracterizado por la movilidad y los desplazamientos masivos, y por la diversidad y densidad de los *servicios* que el sistema social y el mercado ofrecen. La necesidad estratégica de *calidad* ligada a estos servicios y de *singularización* de los lugares precisos donde ellos se prestan, son funciones de la señalética.

Las relaciones de los individuos con las señales informativas son de carácter lógico-intuitivo, e implican un didactismo inmediato en el flujo de los actos a ellas vinculados. Incluso puede pensarse, más que en un didactismo, en una *autodidaxia*, que es la forma empírica creativa del autoaprendizaje por medio de la experiencia personal.

La característica de la señalética como sistema de mensajes puntuales, es "situacionista": actúa exactamente en puntos visibles y definidos del espacio de acción del individuo. Estos puntos coinciden con las necesidades de información que suscita una *situación* ambigua o urgente: por ejemplo, cuando ya he entrado en un gran aeropuerto, ¿por dónde seguir ante varias posibles opciones? Llamamos a estas situaciones "dilemáticas" porque plantean de inmediato una interrogación, una duda, un instante de incertidumbre. Cuando la solución señalética a una situación de dilema ha sido perfectamente resuelta aparece más claramente a la conciencia de los individuos su participación autodidáctica. Han comprendido. Lo que es una microsatisfacción. No sólo porque uno elige y decide el próximo paso que va a dar sin tener que preguntar, sino porque hay ocasiones aún más evidentes de autodidactismo, por ejemplo, cuando se trata de una secuencia de actos que habrá que desarrollar en el curso de un itinerario con abundantes y variados servicios optativos.

El individuo va encadenando sus actos sucesivos a partir del hilo conductor de su proyecto de acciones, esto es, seleccionando entre las informaciones que el entorno le ofrece aquellas que corresponden a su propia motivación, a su interés, a sus necesidades y a la organización de los servicios. Esta selección personal de los datos útiles para la toma de decisiones supone a su vez el abandono a cada paso de los datos precedentes, ya utilizados, y que por eso devienen ya inútiles: se han borrado de la conciencia. El centro y el foco de la señalética son las personas.

La especificidad de la señalética

A pesar de lo que se ha dicho hasta aquí, la confusión entre señalética, gráfica arquitectónica, gráfica comercial y señalización persiste en ciertos medios universitarios e incluso profesionales. Será necesario comprender exactamente el sentido del proyecto señalético y sus variables.

Puesto que la señalética es un lenguaje, de entrada hay que recordar esta verdad axiomática: *la alta especialización es la condición que caracteriza y define cada sistema de lenguaje*. La especificidad, pues, de un sistema de lenguaje viene determinada por aquello que éste -y sólo éste- es capaz de comunicar. Donde termina su especialización empieza la de los otros sistemas de lenguaje. Y de ahí su complementariedad comunicativa. Así, donde acaba el gesto empieza la palabra. Donde acaba la palabra empieza la escritura. Donde acaban el gesto, la palabra y la escritura empieza la imagen fija. Donde acaba ésta empieza la imagen cinética. Con ella y el sonido empieza el audiovisual, y así sucesivamente. He aquí la diversidad y la complementariedad de los lenguajes visuales.

En señalética, en el límite de la expresividad icónica de los pictogramas, viene en su ayuda el texto, y en los límites sígnicos de éstos acude el color, también como signo informativo.

En términos de diseño, son las diferentes disciplinas y especialidades las que definen las propiedades de cada lenguaje gráfico. No es lo mismo diseñar un periódico que una marca, un libro que un cartel, un *packaging* que una *web page*, un sistema de identidad para un banco que para un museo de arte, una campaña política que un proyecto señalético. Cada caso requiere su propio lenguaje.

Entonces, un punto de vista crítico es aquel que nos permite diferenciar perfectamente lo que es la aptitud, el ámbito y las competencias de cada una de las cuatro categorías de "lenguaje" que tratamos en este libro: 1 *señalización vial y urbana*, 2 *señalética*, 3 *señalación comercial*, y 4 *señalética corporativa arquitectónica* exterior-interior.

Conviene hacer estas precisiones sobre las variables señaléticas porque las confusiones semánticas abundan.

El primer factor de confusión es la presencia en dichos términos de la raíz "señal" (*señal*ar, *señal*izar, *señal*ización, *señal*ación, *señal*ética). Por tanto, el hecho de usar señales en todos esos casos no implica que se trate de una misma y única disciplina, ni de una única finalidad. El prefijo "señal" es lo que los une. Pero no los iguala.

El segundo factor de confusión proviene de los "signos", del hecho de usar *pictogramas*. Pero también se usan pictogramas en mapas, planos, esquemas y en infografía (aunque aquí se llaman impropiamente "iconos" en lugar de lo que son: pictogramas), y sin embargo no son confundidos con las señales de tráfico, con la señalética ni con los iconos rusos.

Hacia la señalética corporativa

El desarrollo de las estrategias y las técnicas de comunicación genera hibridaciones, cruzamientos y fusiones de prácticas diversas que, al integrarse, resuelven funciones nuevas, o mejoran funciones que ya existen, y dan así respuesta a nuevos problemas. Es la textura de la complejidad, pero también de la eficacia comunicativa.

En todo proceso complejo siempre hay un origen histórico, un precedente o un referente, aunque lejano. El referente lejano de la señalética es el sistema de señales de la señalización vial y urbana para el tráfico y para la organización urbanística: nomenclaturas de plazas, calles, avenidas, etc., que devienen de la gestión de dicha organización.

Pero la señalética tiene un precedente más cercano en las empresas de servicios (transportes públicos, administraciones, servicios médicos, distribución, etc.). Y al mismo tiempo, un enfoque directo con la economía y la señalación comercial, cultural y lúdica.

Es así como la disciplina señalética, inicialmente ligada a la orientación de los individuos en los espacios de acción, públicos y semipúblicos, cerrados o abiertos pero acotados, se imbrica en la señalación exterior comercial, empresarial e institucional. El conjunto de estas informaciones arquitectónicas exteriores y de la arquitectura interior, se unifica y se integra en una misma expresión mayor: *corporativa* o *global*. El secreto de esta síntesis, que liga indisolublemente el conjunto exterior-interior en su unidad intrínseca, es la *identidad*: identidad institucional e identidad marcaria.

Señalización vial

Señalizar es la acción de un verbo: poner señales en la vía pública. *Señalización* es al mismo tiempo: el conjunto de la planeación de la acción de señalizar, los elementos necesarios para ello y los resultados prácticos que se derivan de esto. Por otra parte, la señalización vial y urbana para la regulación del tráfico dispone de un repertorio preestablecido de señales normativas para determinadas situaciones que siempre se repiten: "alto", "prohibido el paso", "cruce", "obras", "dirección obligatoria", etc.

Señalética

Señalética define una disciplina que conlleva un proceso creativo adaptado expresamente a cada espacio y lugar determinado -generalmente en interiores-, para resolver problemas y necesidades propios, y servir a públicos concretos que dependen de los servicios que allí se prestan.

El proyecto señalético crea sus propias señales en cada caso, crea el sistema y se adapta a la estructura, las funciones y la identidad de cada lugar. Cada proyecto se crea especialmente en función de las situaciones que son propias de la entidad, la clase de negocio y el espacio donde el servicio se presta.

Señalación comercial

La *señalación comercial* es perfectamente diferenciada de los otros dos sistemas de señales: señalización y señalética. Las funciones comerciales son explícitamente *publicitarias*, a todas luces diferentes de las de control del tráfico, cuyas finalidades son la orientación para la seguridad. La señalación comercial es señal "de sí misma": indica el "punto aquí", lugar de la venta y del servicio, y no remite a otra cosa fuera de ella misma (como lo hace la señalización vial y urbana: direcciones, distancias en kms., destinos, etc.).

Señalética corporativa

Es la integración de dos disciplinas: la *señalación* arquitectónica exterior bajo el signo fundamental de la identidad corporativa con espíritu de singularidad competitiva en el ámbito urbano y en las largas distancias visuales. Y de la *señalética* interior como servicio informativo, que refuerza la calidad de los servicios que aquí se presta y el mensaje de la identidad y el *house style*.

Lo que diferencia la señalización de la señalética

Señalización	*Señalética*
1. La señalización urbana y vial nace de la necesidad de *seguridad* y *regulación* del tráfico motorizado y peatonal en espacios abiertos.	1. La señalética nace con las empresas de *servicios*, en su interior, donde éstos se prestan. Su función es informar y guiar para facilitar las acciones del público.
2. Es responsabilidad de las administraciones públicas, estatales, provinciales y municipales: Ministerio de Obras Públicas, Dirección General de Tráfico, etc.	2. Es la empresa o la institución quienes definen su sistema señalético, según el tipo de servicios que se dan, la organización de los mismos y su imagen de marca.
3. Los sistemas de señales y las normas de tráfico están regulados por Convenios, Asambleas y Protocolos internacionales.	3. La arquitectura y la organización de los servicios son los que determinan los itinerarios y recorridos en los espacios de acción.
4. Las señales, que están normalizadas y homologadas, se encuentran disponibles en la industria fabricante para ser instaladas.	4. Las señales varían según el programa creado por el diseñador, y en todos los casos éstas se fabrican expresamente.
5. La señalización vial se basa en la experiencia estadística de los problemas de tráfico, que se repiten en todas partes en iguales circunstancias.	5. El proyecto señalético es único y diferente en cada caso: a la medida de la problemática propia de cada lugar. De ahí su margen para la creatividad.
6. La señalización vial es directiva y coercitiva, determinando las conductas de los viandantes y los reflejos de los conductores.	6. La señalética es neutral, y está al servicio de quienes quieran utilizarla. Es información útil, de usar y tirar.
7. Las señales escritas predominan sobre las icónicas.	7. Predominan los signos icónicos, los colores y otros recursos como la iluminación.

8. En la señalización intervienen los servicios técnicos de la administración central, ingenieros y profesionales.	8. En señalética intervienen el diseñador gráfico, que es el líder del proyecto, con el comunicólogo y el fabricante instalador.
9. La señalización tiene su lado estético y ecológico crítico, pues incorpora al paisaje artefactos uniformizantes que lo llenan y despersonalizan.	9. La señalética no uniformiza los lugares, sino que por el contrario los singulariza.
10. La señalización urbana y vial es un sistema cerrado, homologado y universal, y es autónomo de los espacios en los que se aplica.	10. La señalética es parte de la arquitectura, o del lugar, y subyace en ella la identidad corporativa, la imagen de marca o el *house style*.

Iniciemos ahora el itinerario histórico, socioeconómico y cultural con los orígenes de la señalización caminera hasta el código de la circulación y las normas internacionales. Y, puesto que nuestro periplo nos lleva a cruzar vías de comunicación y ciudades, enlazaremos con otra práctica paralela de señales exteriores: la señalización comercial, que nos llevará hasta la señalética corporativa arquitectónica en exteriores e interiores y las aplicaciones de la identidad corporativa. En la parte 4 desarrollamos los aspectos metodológicos para el diseño de proyectos señaléticos.

2 Señalizar

El marcaje de caminos, prehistoria de la señalización vial y urbana

Marcar, señalar y señalizar no son exactamente sinónimos, como hemos visto, pero sus prácticas coinciden en objetivos comunes, todos ellos derivados del deseo o la necesidad de comunicar para indicar y orientar. ¿Cómo se desarrolló el marcaje y la señalización de cosas y lugares, de los espacios itinerarios, hasta llegar a constituirse hoy en un lenguaje universal y una disciplina de diseño?

El utilitarismo más inmediato, ya en la prehistoria provocó la necesidad de "poner señales" a las cosas con el fin de procurar una lectura del entorno, una puntuación referencial del mundo incluidos el propio cuerpo (tatuajes, mutilaciones, señales), las cosas, los objetos y los lugares.

Señalizar vías de comunicación deviene así de un impulso intuitivo que más tarde se convierte en una práctica empírica guiada por la experiencia. La señalización se desarrolla progresivamente y se perfecciona en la medida que crece el número de personas itinerantes, la necesidad, después la facilidad y finalmente el placer de desplazarse, junto con la aparición de la bicicleta, la irrupción del automóvil y el aumento creciente e imparable del transporte, la velocidad y también la complejidad del entorno.

De estas urgencias emerge un "lenguaje" sintético que deberá ser captado automáticamente y comprendido por todos los individuos. Así cristalizarían las primeras tentativas de *normalización* de las señales y sistemas de señales, es decir, la búsqueda de un sistema lógico de información marcando el territorio. Un sistema que fuera generalizable, sistemático y universal.

Los orígenes remotos del hecho de señalizar -poner señales en el suelo- son antiguos y obedecen al acto instintivo de orientarse uno mismo y orientar a otros, por medio de objetos y marcas que uno deja a su paso en el entorno. Señalizar es incorporar señales para referenciar las cosas, ya se trate de objetos naturales o artificiales, el espacio vital que uno ocupa y transita, un camino o una ruta intrincada.

Obra del artista
Peter Klasen.

Señales y signos, referentes lejanos

Propongo un salto atrás en el tiempo. Demos un breve rodeo antropológico por esa práctica ancestral del marcaje, aunque sólo sea para localizar el inicio de un hilo conductor que me parece revelador de ese instinto colectivo de poner marcas y señales, empezando por el propio cuerpo y por las cosas inmediatas que lo rodeaban, en una naturaleza todavía sin signos inteligentes.

Tal vez las primeras marcas que el hombre dejó en los guijarros: señales incisas, líneas, trazos, puntos, estuvieron impulsadas por un instinto de autoconciencia o de autoafirmación, o por una simple actitud lúdica o estética. Nunca sabremos qué llevó al incipiente *habilis* a dejar esas señales en las piedras, huesos, rocas y sobre cualquier soporte. Lo que no parece -si es que no apelamos a la magia o al ritual- es que estos signos buscaran alguna utilidad práctica transformadora, como la tuviera la industria lítica y la producción de herramientas: el hacha, el anzuelo, la flecha.

El ser humano se marca también a sí mismo. Y tal vez aquí se pueda pensar en dos vertientes del hecho de marcar su propio cuerpo. ¿Un impulso ornamental, un adorno que valorice indirectamente el yo, que refleje alguna condición de género? ¿O acaso una voluntad manifiesta de identificación o de pertenencia al grupo o a la tribu, o a las relaciones rituales, jerárquicas y de adscripciones tribales? Sea como fuere, parece aquí más evidente que las señales corporales, los tatuajes y deformaciones incluso, obedecieran no sólo a un instinto de decoración o de protección, sino a alguna función social.

Por tanto, entre los actos primarios de marcar y señalar no hay diferencias esenciales, puesto que una acción incluye a la otra y ambas obedecen a una función básicamente identificadora y comunicativa. Marcar equivale más precisamente a transferir una impronta, un signo en una superficie determinada; sin embargo, lo que *se marca* se hace con una *señal*, un signo o un símbolo. La diferencia consiste en que, aquello que se marca (señal indeleble) son objetos físicos, superficies, soportes, mientras que lo que se señaliza (series de señales) son espacios, lugares, puntos de un territorio, recorridos. Aquí aparece una función claramente comunicativa en el espacio de acciones.

El trazado mismo de los caminos constituye ya un marcaje y una guía en la medida que "marca" explícitamente la ruta a seguir: "el camino", que es a la vez una idea filosófica y funcional, e incluye siempre la noción de "buena dirección", de "ruta segura" o "dirección conveniente". La señalización con piedras ya marcaba los caminos en los tiempos en que éstos no existían. Los caminos trazados en la superficie de la tierra son obra de los hombres en su necesidad de adaptarse a su medio vital, dominarlo y actuar sobre él. En aquellos tiempos sin caminos, éstos eran substituidos por piedras indicadoras y pequeños montones de piedras. En los albores de *sapiens*, y con la vaga intuición de una geometría del espacio, es posible que ya se utilizaran piedras con el fin de guiar con seguridad los pasos. Las primeras sociedades agrícolas las utilizarían para marcar los límites de la propiedad territorial, que es un modo referencial, de "marcación" o de "demarcación" del espacio privado.

En algunos lugares especialmente agrarios, pequeños terrenos circundados con piedras indican todavía hoy a los pastores la prohibición de pastar allí, ya que los animales destruirían el plantío joven. He aquí la remotísima funcionalidad de las señales pétreas, estables, puestas intencionadamente en los caminos desde sus más antiguas manifestaciones. Las funciones de orientación, guía y advertencia en itinerarios abiertos existen desde la Antigüedad.

Estos fueron vestigios de un tiempo en el que se marcaban los senderos de montaña y el trashumante no tenía otra forma de guiarse para llegar a un destino más que por medio de estas piedras situadas a distancias regulares.

Piedras señalizadoras amontonadas y pintadas de blanco destacan sobre el suelo volcánico para guiar al caminante. Yaiza, Lanzarote, camino de las Montañas de Fuego. Foto J. Costa.

Breve historia de la señalización caminera

Hubo un tiempo en que, a falta de caminos trazados, el viajero no tenía otra cosa para guiarse que estas piedras señalizadoras (a las que a su vez añadía la suya). Estas piedras y montones de piedras no trabajadas experimentaron con el tiempo una transformación hasta que devinieron "mojones".

Cuando los griegos empezaron a dar a sus dioses la figura humana -anteriormente los representaban por medio de figuras simbólicas- Hermes era venerado ya fuera bajo la forma de un montón de piedras, de una columna de tosca piedra o bajo la forma de un falo: el miembro erecto simbolizaba con Hermes, *la dirección*. A aquellas columnas pétreas se les añadió después como remate una cabeza de forma humana, y el

 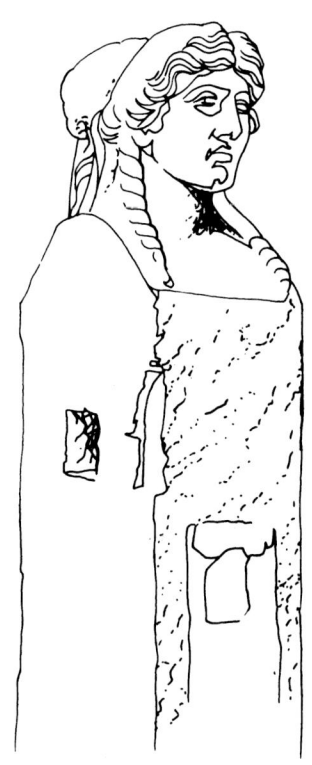

Monumental falo de mármol en Delfos, en honor del dios Hermes.

Antes de que los griegos dieran a sus dioses una figura humana los representaban por medio de símbolos. Así, el dios Hermes era venerado unas veces bajo la forma de un montón de piedras situadas en el camino, otras veces bajo la forma de un falo. La alusión fálica era indicativa de la dirección a seguir. Más tarde, las columnas fálicas fueron amputadas o rematadas con una cabeza humana, como se ve en las ilustraciones.

símbolo convencional se convirtió así en ídolo semiantropomórfico. Más adelante, estos "hermes" fueron bicéfalos en las bifurcaciones, tricéfalos en los caminos de triple dirección, tetracéfalos en las encrucijadas. En los pueblos, Hermes se irguió como protector de los mercaderes, del comercio y de los viajeros, a los cuales y para ofrecerles algún provecho o gratificación en sus altos en el camino, tenía grabada en la piedra una sentencia condensada en un verso.

Griegos y romanos utilizaban los mismos elementos pétreos para jalonar los itinerarios: columnas y bornes; las primeras, más simbolistas, les daban el significado de un dios tutelar; los segundos, eran elementos de estrategia para sus conquistas. A estas funciones de orientación y guía se unió más tarde la de indicar las distancias de un lugar a otro, lo cual impuso la medida en millas y más tarde en leguas. En el año 29 antes de Cristo, cuando Augusto ordenó elaborar con ayuda de Agripa el mapa del mundo romano, fue elevada en el *forum* una piedra que marcaba el inicio de las rutas (la piedra llamada "millar") que recibió el nombre de "milla de oro".

A partir del siglo III, en lugar de plantar nuevos bornes o mojones cuando se reparaba una ruta, se utilizaban las antiguas, llenando con cemento las inscripciones en honor de los emperadores anteriores y grabando encima nuevas inscripciones que parecían informar más especialmente al viajero; de este modo se avanzaba lentamente hacia una mayor funcionalización de las señales. Junto con las columnas, mojones, obeliscos, pirámides y pilastras -tal era la variedad de la señalización pétrea-, se emplearon también placas rectangulares de cerámica con un agujero para ser colgadas en los muros -de las que se conservan algunas en España-; estas placas contenían indicaciones sobre itinerarios y distancias, que eran grabadas durante la cocción.

Una de las plaquetas itinerarias de Astorga (España).

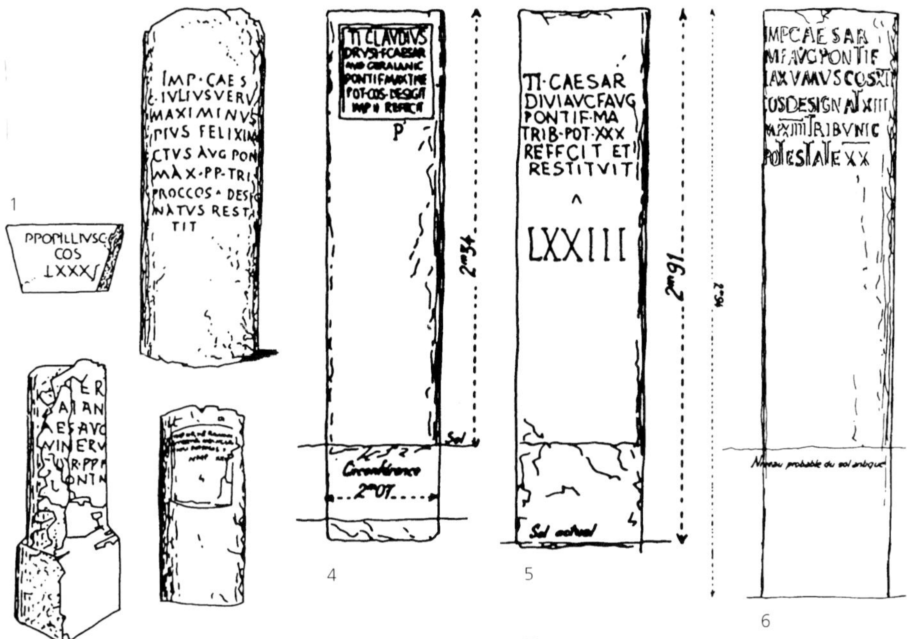

Piedras "millares" usadas en la Antigüedad para señalizar las distancias en millas:

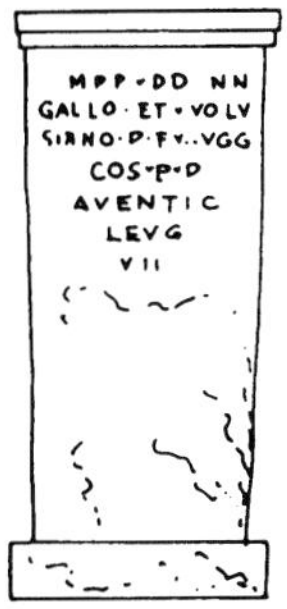

1. Borne millar de Popilius
2. Millar de Mathay (Doubs)
3. Millar de Frénouville
4. Millar de Claudio
5. Millar de Tiberio
6. Millar de Augusto
7. Millar de Amsoldingen (Suiza)
8. Borne millar de Claudio (Finisterre)

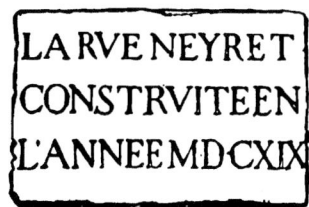

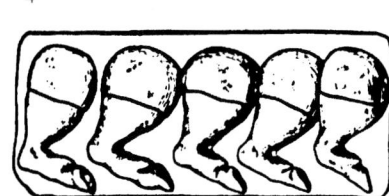

1. Placa de la calle Desirée.
2. Placa de 1619.
3-4. Enseñas romanas.

La influencia del cristianismo en la señalización medieval

En la Edad Media, y con la evangelización administrativa, los neófitos mutilaron sistemáticamente las obras de arte esculpidas en piedra, las columnas fálicas, obeliscos y jalones paganos, con el fin de eliminar su influencia en el pueblo. Los emblemas, que figuraban en las cimas de las columnas indicadoras y las estelas de las encrucijadas, el cristianismo los sustituyó por cruces de la nueva religión, tan pronto por una tosca cruz de piedra como por una modesta cruz de madera que llevaba grabado generalmente un nombre. Es la época en que la tierra se puebla de monasterios y los vestigios de las rutas antiguas se animan al paso de los fieles. Pierre-Paul Darigo, que ha desarrollado un interesante estudio sobre la historia de la señalización caminera y automovilística, señala que "un día, el flujo de peregrinos, orientados desde centenares de años a Roma y Tierra Santa, dirige su marcha hacia un santuario nuevo: Santiago de Compostela. Las vías abandonadas fueron entonces restauradas por la Iglesia y Compostela se convirtió en la cita única de la cristiandad. Desde 1139 existe una guía para los peregrinos que indica el trazado de las rutas, la cuenta de las etapas, los nombres de los pueblos y burgos que se encuentran al paso, la lista de los ríos de agua potable, el emplazamiento de los santuarios y las reliquias veneradas".[6] Una verdadera anticipación de las actuales guías y mapas de carreteras.

[6] P.-P. Darigo, "Des signaux et des hommes" en *Pétrole Progrés*. Ed. Esso Standard, 1973, París.

1-2. Bornes del dominio de la abadía de Saint-Seine (Costa de Oro), siglo XIV.
3. Borne de los alrededores de la Comuna de Valenciennes (siglo XVI o XVII).
4. Borne de Douai (siglo XV o XVI).
5. Borne señorial de Paisy-Cordon (1553).
6. Cruz caminera.
7. Bornes fronterizos de Gouzeacourt (norte), según Piettreffon de Saint-Aubin.
8. Una de las "agujas" de Figeac.
9. Tres bornes fronterizos de Alsacia y Lorena.
10. Borne forestal del bosque de Chaux, concebido por C.-N. Ledoux.
11. Pirámide de dirección alemana.

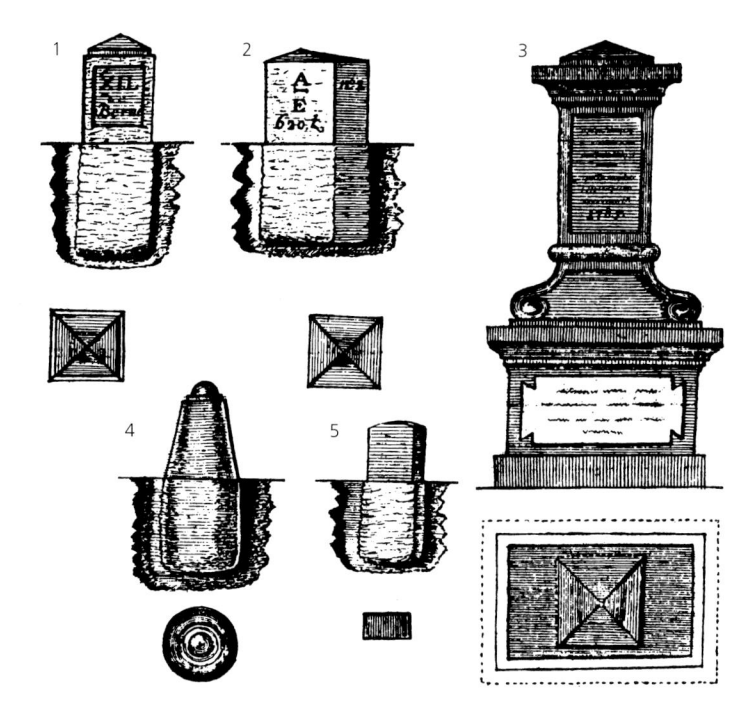

Bornes suizos
según Exchaquet

1. Militar
2. Regional
3. Pirámide de dirección
4. Cochero
5. Catastral

La normalización de las señales viales en los siglos XVII al XIX

Con la administración napoleónica se inicia formalmente en Francia la normalización de las señales itinerarias, que procedían de las reglamentaciones incipientes de 1607. Un decreto de 1811 clasificaba y numeraba las "rutas imperiales" (que se convertirán después en rutas nacionales), y un decreto del 11 de enero de 1813 tipificó las medidas para los bornes y mojones. La circular del ministerio de Obras Públicas del 20 de junio de 1853 estipula que "los mojones kilométricos, hectométricos y decamétricos serán ejecutados en piedra dura del país y se situarán a la derecha de la ruta; la parte visible será pintada en blanco y las inscripciones en negro, las cuales serán más tarde grabadas cuando se esté seguro de que no habrá variaciones". Se estipuló el uso de tablas indicadoras para la entrada y salida de los lugares habitados y asimismo se normalizó el uso de pilastras y postes indicadores los cuales serían construidos en hierro. Puede decirse que así se pasó del "neolítico" de la señalización a la "edad del hierro".

El considerable aumento del número de vehículos en circulación en las grandes ciudades hizo necesario el estudio de medios propios para asegurar el desplazamiento de los usuarios en las mejores condiciones de seguridad durante el día y también por la noche. De aquí derivó el uso de señales luminosas. ¿De dónde procedió la utilización de los colores en la señalización luminosa? Esencialmente, en principio de la marina;

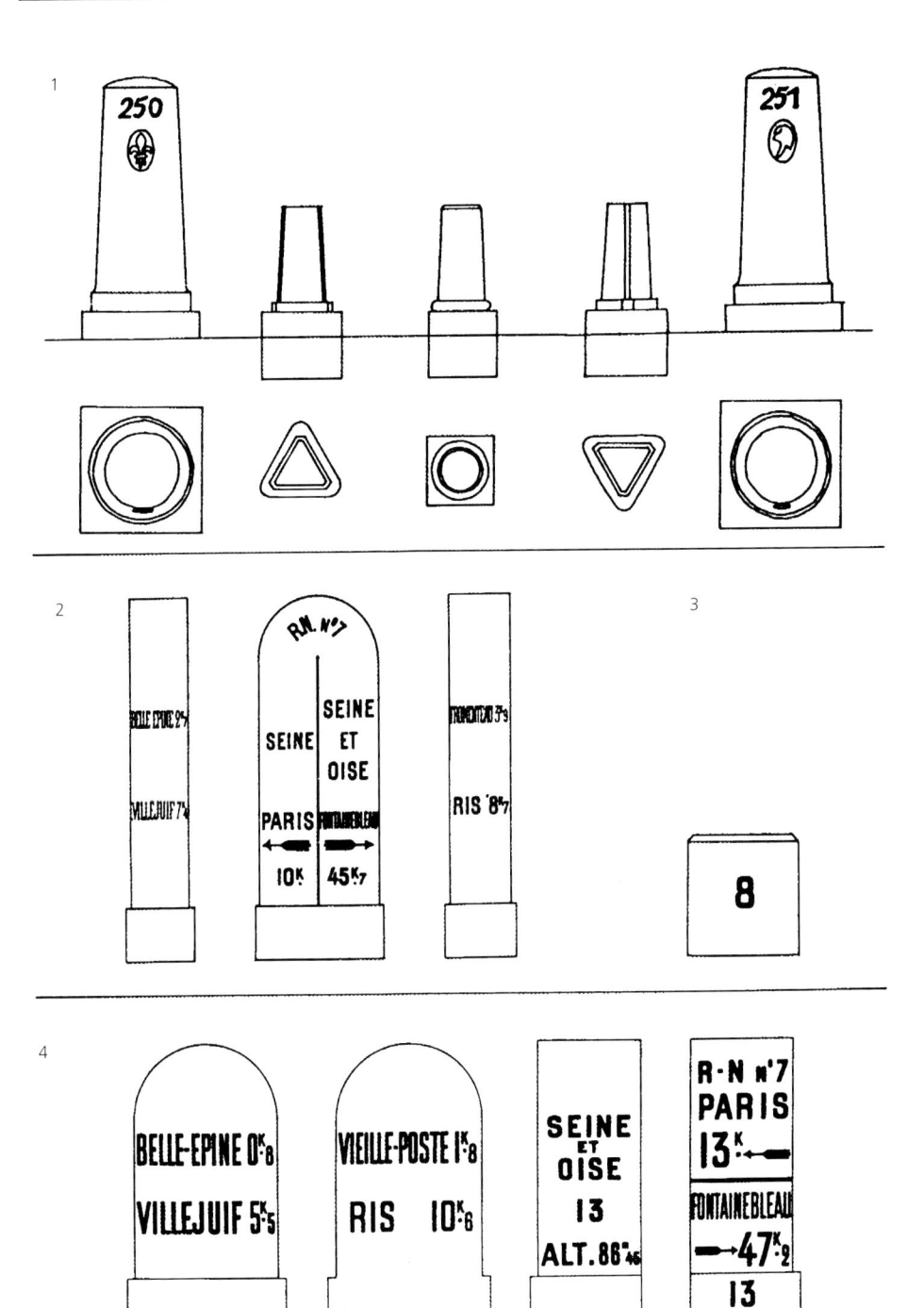

1. Bornes del sistema Perronet, 1768: milla "real", cuarto de milla, media milla, tres cuartos de milla, milla "republicana".
2. Borne departamental tipo (1913).
3. Borne hectométrico.
4. Bornes kilométricos tipo (1853).

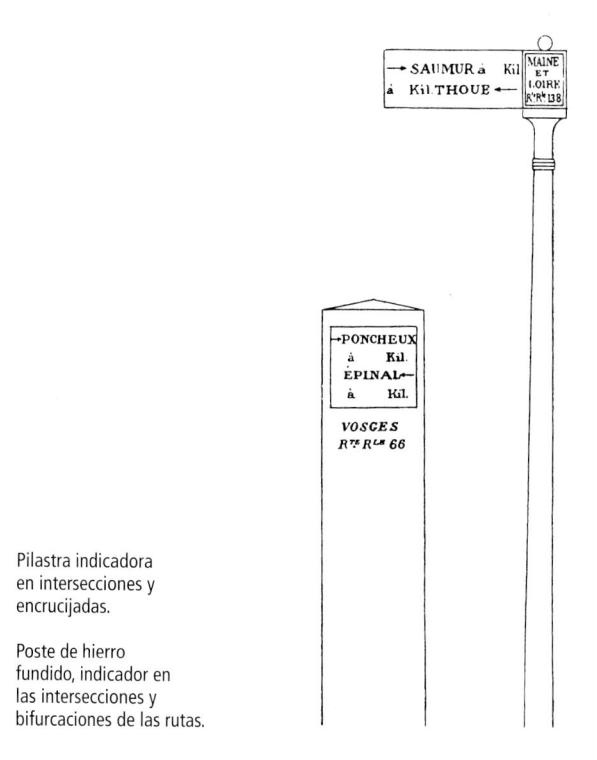

Pilastra indicadora
en intersecciones y
encrucijadas.

Poste de hierro
fundido, indicador en
las intersecciones y
bifurcaciones de las rutas.

en el Mediterráneo todos los pueblos antiguos han tenido su marina, y muy pronto tuvieron necesidad de establecer convenios para navegar y combatir: banderas, velas teñidas, luces de alarma, faros verdes a estribor y rojos a babor para indicar posición y dirección de las naves.

En 1818, Inglaterra, potencia reinante en los mares, había tomado la iniciativa de codificar todas las señales marinas, y más tarde, con el advenimiento del ferrocarril, adoptó una aplicación simplificada: la elección de tres colores para las señales ferroviarias, cuyos primeros ensayos efectuados en Londres en 1838 habían consistido en la instalación de un semáforo octogonal equipado con un espejo parabólico para enviar señales luminosas a los trenes en servicio nocturno. Este sistema para la seguridad ferroviaria propuesto por el ingeniero John Knight constaba de los colores rojo, verde y blanco, y contribuyó notablemente por su eficacia al éxito de este medio de transporte. No es extraño que esta solución a los problemas de la seguridad ferroviaria fuera aplicada desde 1868 a la circulación motorizada confusa y agresiva de Londres.

La identificación de las calles y las casas se convertirá en la base de nuestra señalización urbana, con lo cual se inició el sistema de nomenclaturas de las calles y de la numeración de las casas; de este modo el uso de las placas proliferó y se impuso hasta nuestros días.

La flecha, símbolo universal

Uno de los elementos que ha devenido más indiscutiblemente universal en la señalización es la *flecha*; sus orígenes están en el gesto indicativo de la mano con el dedo *índice* tendido. De hecho, el gesto es un medio de comunicación más antiguo y más universal que el lenguaje; su función es evidentemente la de desencadenar una acción; en este sentido, el dedo índice tendido tiene el significado claro y conciso de señalar. Parece que fueron los mongoles, que sabían sacar gran partido de su sorprendente organización militar, quienes concedían una consideración tácita muy notable a sus armas y una importancia psicológica a sus flechas, porque ellas prolongaban el brazo y el índice tendido, creando así una similitud visual y simbólica entre el dedo indicador y la flecha.

"En Europa -describe P.-P. Darigo- la imprenta de libros y mapas redescubre el uso de estos signos: la mano con su índice señalando, dibujada en los manuscritos religiosos para atraer la atención sobre los pasajes importantes; la flecha, reforzando el lenguaje de los geógrafos para dar, desde el siglo XVIII, la dirección a los cursos del agua, de las corrientes marinas y de los vientos". También los objetos de orientación como la veleta y la brújula, comportaban una flecha que marcaba la dirección del Norte y de los vientos. Faltará esperar la multiplicación de los medios de transporte y la complejidad de los itinerarios urbanos para que la flecha se convierta en el símbolo casi obsesivo en la organización de la circulación.

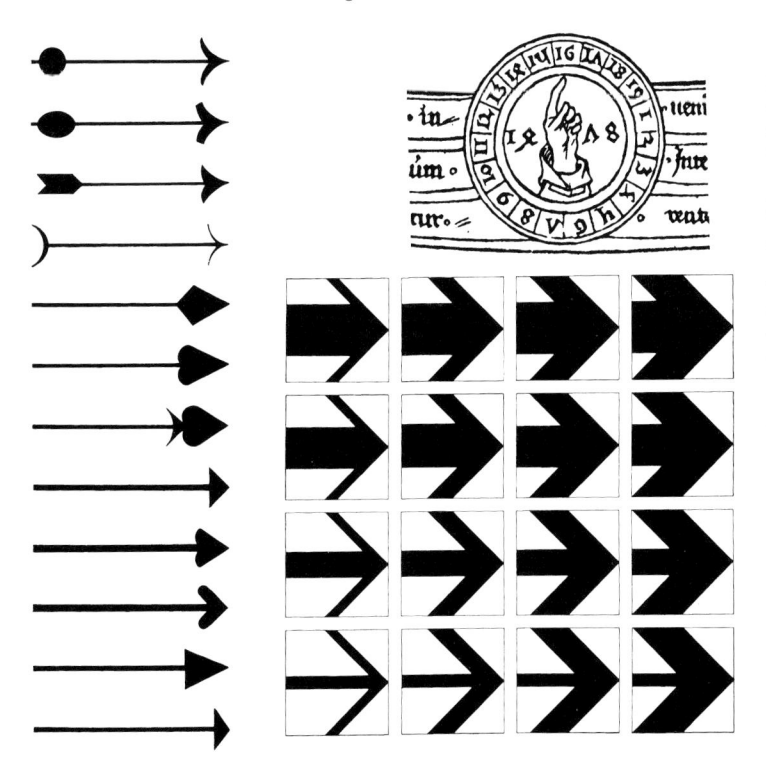

Mano indicadora. Grabado de un calendario alemán (1478).
La flecha tiene una asociación directa con la mano que señala con el índice extendido. En la señalización, la flecha es un elemento esencial como indicador de dirección. El origen de la flecha es incierto. Para algunos, la flecha proviene de la cultura de los pueblos cazadores. Para otros, de los pueblos guerreros. Los relojeros medievales la copiaron de las lanzas y alabardas que se utilizaron como indicadores. A través de la brújula y la rosa de los vientos, la flecha se introdujo en la cartografía para indicar el sentido del curso de los ríos.

El código de la circulación

"La circulación humana por las señales en el suelo", por Pierre-Benjamin Brousset (1889). Este sistema se estructuraba en tres partes: la Dirección en la que uno se mueve, la indicación del Recorrido a seguir, el Destino al que uno se dirige. Abarcaba asimismo la codificación de las señales por medio de los Colores -con sus colores accesorios y sus combinaciones, las Formas, las Inscripciones y sus Abreviaciones. Los colores principales habían sido tomados del código de la marina: verde, rojo y amarillo. Los colores secundarios eran el negro y el blanco.

La población ciudadana crece, aumenta la circulación humana y el Estado toma las medidas de previsión para la protección de los ciudadanos y la seguridad pública. Es así como nace el código de la circulación peatonal y automovilística, que es sin duda el ejemplo más universal y significativo de la señalización urbana y vial. En sus inicios incidieron, como hemos dicho, las señales marítimas y las señales ferroviarias, ambas obviamente menos socializadas que las señales viales.

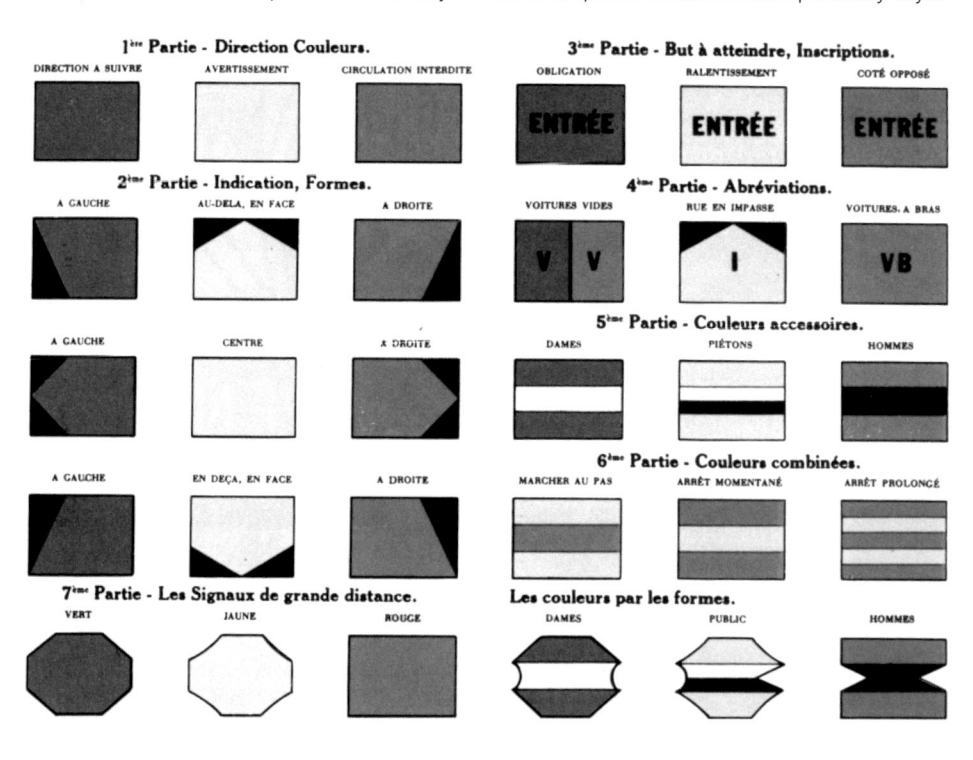

El 25 de noviembre de 1889, Pierre-Benjamin Brousset publicaba en Francia una monografía pionera de 30 páginas; *La circulation humaine par les signaux à terre*. Este fascículo contenía todas las innovaciones de la señalización que todavía hoy se aplican. "El principio de 'señales en el suelo' -escribió Brousset- es el de no imponerse al público y dejar toda la libertad de acción individual en las diversas circunstancias de la vida privada, y ayudar a facilitar las decisiones de la masa en todos los lugares sometidos a una reglamentación de orden interior y de seguridad general... En nombre del orden, la seguridad y la celeridad públicas, las 'señales en el suelo' deben ser proclamadas e impuestas por la ley para la unidad francesa". La monografía descomponía con toda precisión la circulación humana en tres elementos: "la *Dirección* sobre la que uno se mueve, la *Indicación* del recorrido a seguir y el *Destino* a alcanzar". Inspiradas, como hemos dicho, en las señales marítimas de las banderas, las señales en el suelo comportaban *colores* y *formas* a las que se añadieron inscripciones y cuyas combinaciones simples respondían a todas las exigencias de transmisión de información que el progreso automovilístico impondría.

Sigamos con la monografía de Brousset:

- Los *Colores* principales, que fueron pedidos en préstamo a la marina, eran el verde, el rojo y el amarillo, junto con otros a título accesorio como el negro y el blanco que, combinados entre sí, definían la dirección en las situaciones ambiguas que generan dudas.

- Las *Formas* se basaban principalmente en 6 figuras más la flecha o la mano señalando con el índice. Estos eran los elementos indicadores, que poseen un mismo significado: "dirección a seguir", y presentaban ocho posiciones naturales por relación a un punto dado. Además, cada color tenía su forma propia para el uso de los daltónicos.

- Las *Inscripciones* servían para precisar el destino, con la ayuda de abreviaturas convencionales, letras, flechas y dibujos, que de día destacaban en blanco sobre fondo de color y de noche por iluminación.

Finalmente, la monografía clasificaba en "dos grupos y cinco categorías las 'señales en el suelo': las permanentes, las temporales, las circunstanciales, las ambulantes y las garantes; la racionalización y la codificación eran la base de esta normativa. Veinte años después, siguiendo la ley, este lenguaje visual de la circulación caía en el dominio público... y Pierre-Benjamin Brousset, en el olvido".[7]

[7] Darigo, *op. cit.*

Los convenios internacionales en el siglo XX

A principios de siglo XX, las diferentes necesidades de señalización que hoy son tan evidentes, no habían sido impuestas todavía a la atención de las autoridades encargadas de la construcción y mantenimiento de los caminos y carreteras; fue la iniciativa privada la que tuvo el mérito de captar la necesidad de soluciones nuevas que eran suscitadas por el desarrollo rápido y el progreso del automóvil.

Entre 1910 y 1930, las organizaciones donantes de señales como Michelin, Renault, Citroen y el Touring Club en Francia, igual como Fiat, Pirelli y el Touring Club en Italia, habían subvencionado la compra y colocación de estas señales, en las que inscribían, primero discretamente y después de modo más evidente, la publicidad de sus marcas. Con ello el anuncio entraba modestamente en el campo de la señalización a través de estos soportes de servicio público. Una fusión entre la señalización vial y comercial.

En 1904, y continuando el camino de la normalización, el Touring Club de Francia mandaba colocar los primeros paneles de prescripción para automovilistas y ciclistas, situándolos a 200 metros del punto a señalar. El primero de diciembre de 1908, en el *1er. Congrés International de la Route*, se adoptarían cuatro señales de obstáculos: *vado, viraje, paso a nivel* y *cruce*. Los indicadores serían situados a la derecha de la ruta, en la dirección del obstáculo en los países donde se circula por la derecha, y a la izquierda en los países donde la circulación se hace por la izquierda.

Los *discos*, en la señalización vertical, estarían enclavados a 250 metros del obstáculo, perpendiculares al eje de la ruta, y la base a 2,75 m del suelo. Para las señales de obstáculos o de peligro se determinarían tres sistemas informacionales:

- la designación escrita en lengua vulgar,
- el signo simbólico o pictográfico reproduciendo la figura del objeto o causa de peligro,
- la señal de advertencia pura y simple, como una flecha, anunciando la proximidad al lugar del peligro, y el propio peligro.

La inscripción será blanca sobre azul oscuro. Las placas de obstáculos serán circulares (discos), para distinguirlas de las placas rectangulares de dirección. Así, por medio de la forma circular comprendida como signo de peligro, los "discos" ya son ellos mismos una advertencia, incluso antes de percibir la información que contienen.

Los paneles nacieron de la necesidad de inscribir los nombres de las poblaciones en correspondencia con los mapas y guías automovilísticas. Una placa inglesa: *Drive Slowly - Thanks*, dio la idea de añadir a la expresión "Reducir" el nombre de la localidad; esta placa sería situada a la entrada, y "Gracias" que sería colocada a la salida. Para reforzar todavía la invitación con una llamada a la sensibilidad, se añadía la mención: *Atención a los niños*.

La Sociedad de las Naciones había provocado un acuerdo que constituyó el primer esfuerzo de unificación de las señales de peligro y en 1931 consiguió en Ginebra la firma de un convenio internacional sobre la unificación de la señalización vial. Esta preveía esencialmente tres tipos de señales: las señales de peligro, triangulares y de color amarillo; las señales de prescripciones absolutas, circulares y de color rojo, y las señales de indicación, rectangulares y de color azul. En 1934 se prohibió la publicidad en los paneles de tráfico, prohibición que persiste en la actualidad.

En 1914, América, en plena expansión de la industria automovilística, redescubre a su vez el uso de las luces bicolores en Cleveland, y después tricolores en Nueva York. En París (1922) se instalaron los primeros semáforos de un solo color: rojo, que eran dirigidos por un simple interruptor rotativo manual. Se comprobó muy rápidamente que este procedimiento era peligroso, y además, la regulación del tráfico requería el control por un agente policial. En 1926 tuvieron lugar nuevos ensayos en Inglaterra y Alemania, y se llegó finalmente a la conclusión de yuxtaponer una luz verde a la roja; la alternancia de los dos colores indicaba sin error si el paso estaba libre. Pero la súbita aparición de la luz verde de autorización y después la luz roja de prohibición obligaba a paradas brutales que causaron numerosos accidentes. Entonces se pensó en la conveniencia de anteponer a la luz roja, durante dos o tres segundos, una luz amarilla que advertía "reducción de velocidad". La luz roja fue, en principio, acompañada del

Señales viales del Touring Club de Francia (hacia 1910) y señales italianas (hacia 1930) y borne angular Michelin (1920-1927).

funcionamiento de un timbre sonoro que, gracias a las quejas de los vecinos -pues era notablemente escandaloso-, fue reemplazado por un gong, el cual a su vez pronto fue suprimido. Hoy, las discretas señales acústicas urbanas en los pasos peatonales son la guía de los invidentes.

De todos modos, en aquella época se imponían necesidades crecientes debido al auge del automóvil y al desarrollo de los transportes por carretera, lo que obligaba a constantes esfuerzos para dotar, a los automovilistas especialmente, de todas las informaciones que eran requeridas, así como las normas para la máxima eficacia y seguridad. Desde 1936, la Asamblea de la Sociedad de las Naciones había reconocido que la Convención de 1931 no respondía con exactitud a las necesidades de la circulación y debía ser objeto de una revisión. Los trabajos de esta Asamblea, retomados por la Comisión de Transportes y Comunicaciones de la ONU desembocaron con la firma, en Ginebra, el 19 de septiembre de 1949, de un protocolo sobre la señalización de carreteras que sustituiría la Convención de 1931.

Mientras que ésta no era sino un primer ensayo de unificación de los principios y las señales esenciales, el protocolo es una verdadera instrucción detallada que fija para todo el mundo las formas, las dimensiones, los colores y las condiciones de implantación, no solamente para las señales ya empleadas hasta entonces, sino también para aquellas que podrían ser necesarias en el futuro. Establecía la preeminencia de los símbolos gráficos y las eventuales inscripciones textuales no tendrían más que el carácter de indicaciones adicionales. Esta normativa preveía además la limitación del número de señales al mínimo necesario.

A medida que la circulación vial se desarrollaba en los diferentes países de Europa y que, paralelamente, el turismo internacional y los intercambios económicos tomaban una importancia creciente, apareció la necesidad de establecer reglas comunes que se encontrarían obligatoriamente en los diferentes códigos de la circulación. Este fue el objeto de la Conferencia de las Naciones Unidas sobre la Circulación por Carretera (Viena 7 de octubre al 8 de noviembre de 1968), en la que se tomaron importantes acuerdos sobre dos grandes capítulos: *Convención sobre la circulación vial* y *Convención sobre la señalización vial*, que constan literalmente así en el Acta final: "Hecha en Viena el día ocho de noviembre de mil novecientos sesenta y ocho, en un solo ejemplar en chino, español, francés, inglés y ruso, siendo los cinco textos igualmente auténticos".

La Convención sobre la *circulación* vial regulaba la circulación por medio de 56 artículos que integraban 6 capítulos y se acompañaban de 7 anexos. Dichos capítulos se referían a: "Generalidades", "Reglas aplicables a la circulación vial", "Condiciones que han de reunir los automóviles y los remolques para ser admitidos en circulación internacional", "Conductores de automóviles", "Condiciones que han de reunir los ciclos y los ciclomotores para ser admitidos en circulación internacional", "Disposiciones finales".

La Convención sobre la *señalización* vial constaba de 48 artículos y 9 anexos, los cuales integraban a su vez 6 capítulos: "Generalidades",

1-2. Primeras señales ferroviarias inglesas (1850).
 3. Semáforo urbano en Londres (1868).
 4. Primer semáforo instalado en París (1922).

"Señales viales", "Semáforos", "Marcas viales", "Varios", "Disposiciones finales y conclusiones".

Tal conjunto de normas asegura, por supuesto, la universalidad de los sistemas de señalización, los cuales se basan, tanto por lo que afecta a las disposiciones de circulación y los emplazamientos de marcas y señales como por lo que respecta a las marcas y señales mismas, en un empirismo notablemente pragmático y en una redundancia esencial, tanto por las *situaciones puntuales* (totalmente previsibles) como por las *señales* (completamente codificadas e institucionalizadas).

En esta misma Convención de Viena se pusieron también de manifiesto una serie de dificultades casi insuperables. En efecto, el continente americano no podía aliarse a la señalización europea tal como se había venido desarrollando desde sus orígenes (Convenciones de 1909, 1926, 1931 y protocolo de 1949), puesto que los americanos habían adoptado una señalización diferente en todos sus puntos: formas, colores,

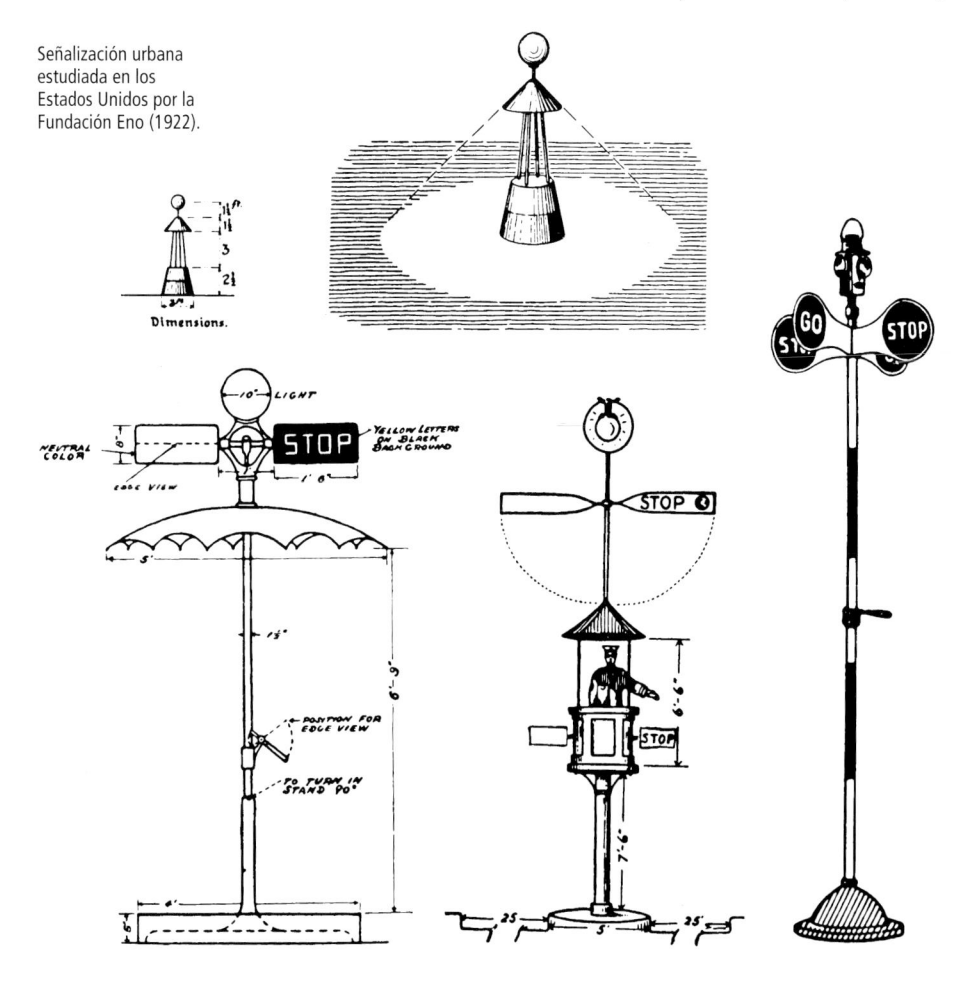

Señalización urbana estudiada en los Estados Unidos por la Fundación Eno (1922).

Diferentes señales viales adoptadas en los Estados Unidos (1910-1920).
En 1914, América, en plena expansión automovilística, redescubrió el uso de semáforos bicolores en Cleveland, y más tarde tricolores en Nueva York.
Estos paneles constaban en principio casi exclusivamente de inscripciones, contrastando por ello con los paneles europeos, los cuales habían desarrollado pictogramas y símbolos desde finales de 1800, y cuya tendencia era precisamente la de substituir las informaciones escritas por informaciones icónicas.
A partir de 1922, la fundación Eno estudia en Estados Unidos la adopción de símbolos visuales, que se incorporaron a las indicaciones escritas, tal como se ilustra en las páginas siguientes

inscripciones preferentemente textuales en las señales, en lugar de los símbolos gráficos previstos en las señales de peligro, que durante muchos años habían condicionado los reflejos de los conductores europeos; el continente americano no ha podido aceptar su adopción ya que toda su señalización de "peligro" estaba inscrita en un recuadro asentado sobre uno de sus vértices. La misma oposición tuvo efecto para las señales *stop*, aunque éste no sería un obstáculo grave para la seguridad. La Convención dejó, pues, la facultad de adoptar una u otra de las soluciones propuestas. Por el contrario, el resultado más importante que se obtuvo en Viena fue el abandono, por parte del continente americano, de la inscripción en las señales de indicaciones en la lengua nacional, y la adopción en su lugar de los símbolos de la señalización europea, que han devenido así prácticamente universales. Por otra parte fue admitido que debería realizarse una uniformización total de las señales por continente. Los Estados europeos se reunirían, por tanto, para realizar un código europeo de la circulación y señalización. La Convención de Viena sobre la señalización es una verdadera Carta Internacional que debería evitar en el futuro todas las diferencias lamentables que han sido instauradas, a pesar del acuerdo de 1949, y facilitar una unidad por continente a falta de una unificación mundial.

A partir de 1971 se amplía la señalización vial con ayuda de la señalización *perpendicular*, la señalización *aérea* para las direcciones, y la señalización *horizontal* para el marcaje y el balizaje. Las características de la circulación por carretera (alta velocidad, volumen del parque de automóviles, aumento de las autopistas, relajamiento posible de la atención y fatiga de los conductores debido a la monotonía de los largos recorridos) hacen de la

Señalética Corporativa

En las señales de tráfico americanas persistirá el predominio de textos.

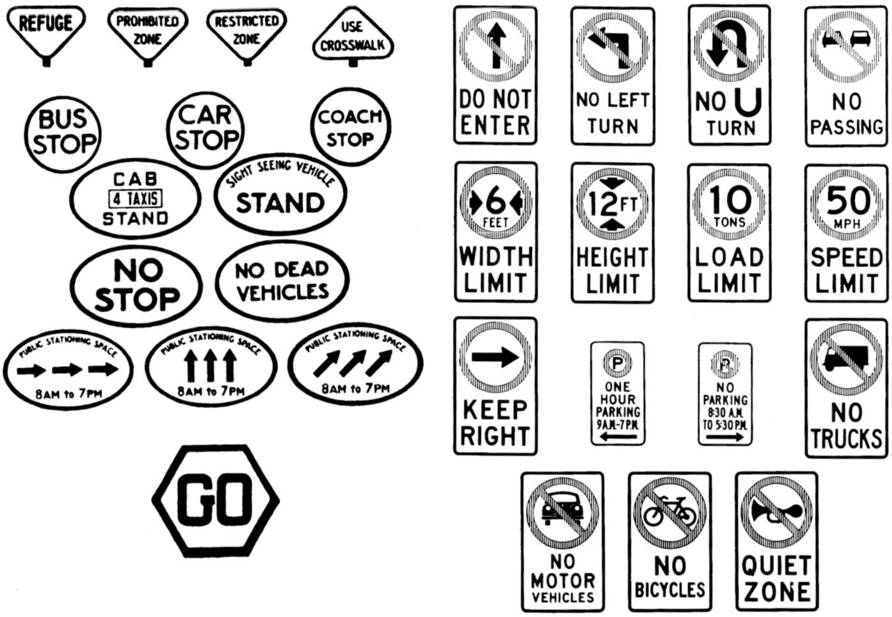

señalización, y más todavía en carretera, un elemento esencial de seguridad y de facilidad de circulación.

La visibilidad de un panel depende de su implantación; por eso la selección de su emplazamiento está condicionada por la disposición de los lugares. La señalización aérea instalada en pórticos por encima de las autopistas, y todas las preseñalizaciones, devienen de este principio. La legibilidad de los paneles de dirección se asegura por medio de una ampliación de las dimensiones de las señales, una simplificación de los colores (fondo azul para las autopistas, fondo blanco para las carreteras), una codificación para los caracteres de inscripción, flechas direccionales, símbolos y siluetas, la iluminación y la reflectorización de las inscripciones y marcas blancas o amarillas. Las marcas en las calzadas son abundantemente utilizadas para regular la circulación, guiar o advertir a los usuarios de las rutas. Las flechas y símbolos en el suelo son *anamorfoseados* con el fin de alargar las inscripciones y los pictogramas en el sentido de la dirección a seguir y hacerlos reconocibles a pesar del ángulo muy débil desde el cual son percibidos por el conductor.

A través, pues, de esta larga evolución de las señalizaciones viales y urbanas, que ya forman parte de la cultura cotidiana y de la progresiva formalización de un sistema prácticamente internacional, se ha ido instaurando un lenguaje que podríamos calificar de planetario, o casi, y que se extiende bordeando todo el tejido de las rutas que cruzan el mundo e incorporándose a la piel de las carreteras. Las señales verticales (frontales y perpendiculares) y las señales marcadas en el suelo configuran en síntesis los dos grandes soportes del sistema de la señalización vial y urbana.

Sistema de jalonamiento del Touring Club de Francia (1902).

1. Señalizaciones velocipédicas del Touring Club de Francia (1985).
2. Señalización del Office National du Tourisme (Paris-Trouville 1912).
3. Señales de obstáculos adoptados por la Conférence Internationale de la Route (1 de diciembre de 1908).
4. Primeros proyectos de 1908.

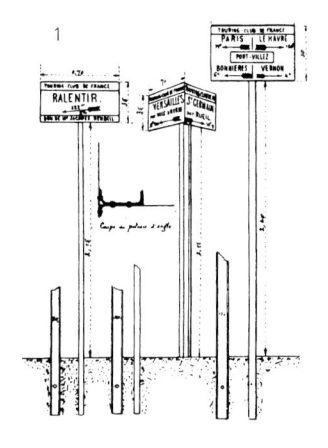

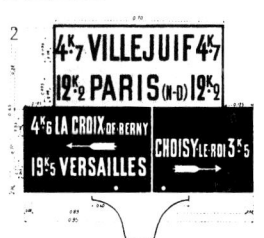

Señalética Corporativa

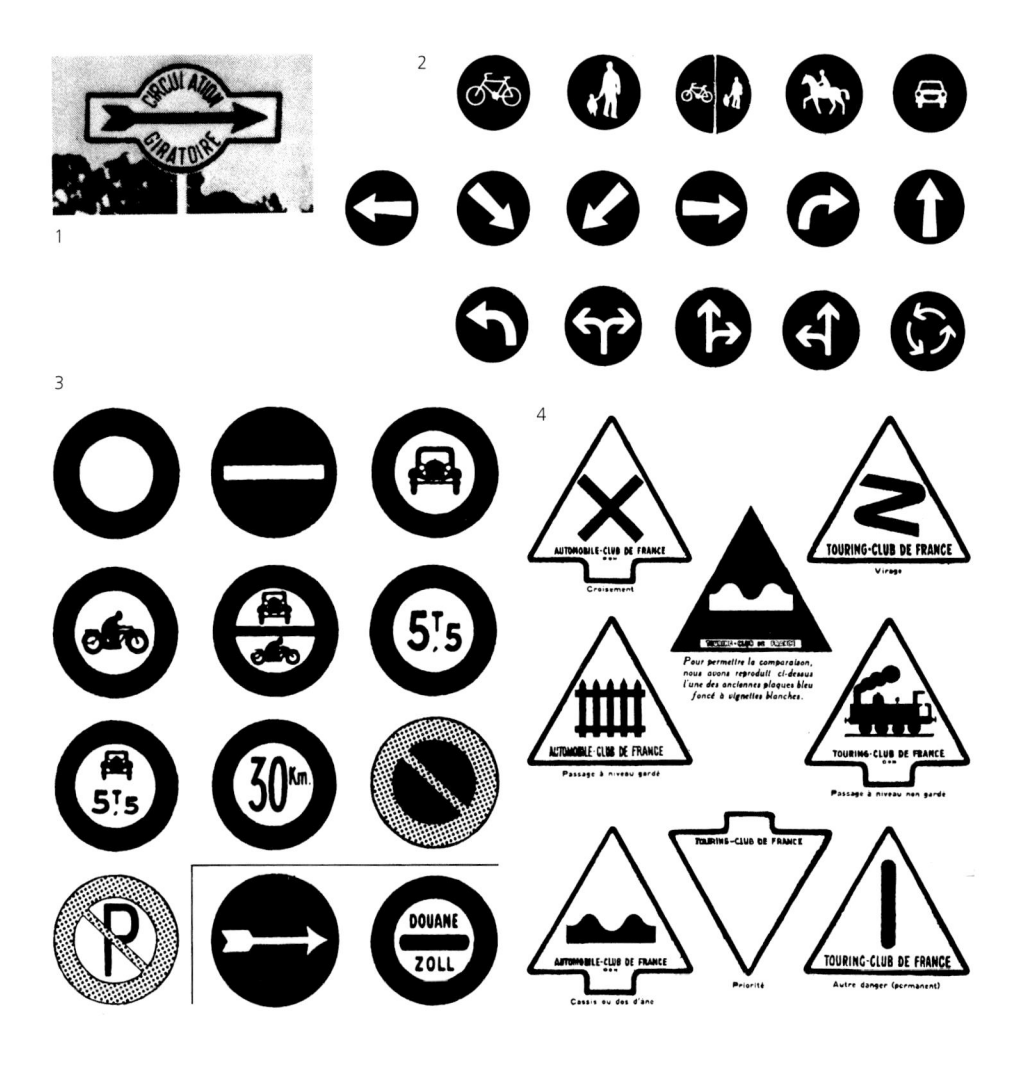

1. Señal de circulación giratoria (1920).
2. Señales de vía obligatoria, sentido obligatorio, giro obligatorio.
3. Señales de prescripciones absolutas (1935).
4. Señales de obstáculos y prioridad (1935).

5. Señales de
   circulación europea
   (1945).
6. Algunos tipos
   de señales de la
   instrucción.
7. Situación de paso
   a nivel. Balizas de
   llegada a paso a
   nivel (tres, dos y una
   banda).

Señalética Corporativa

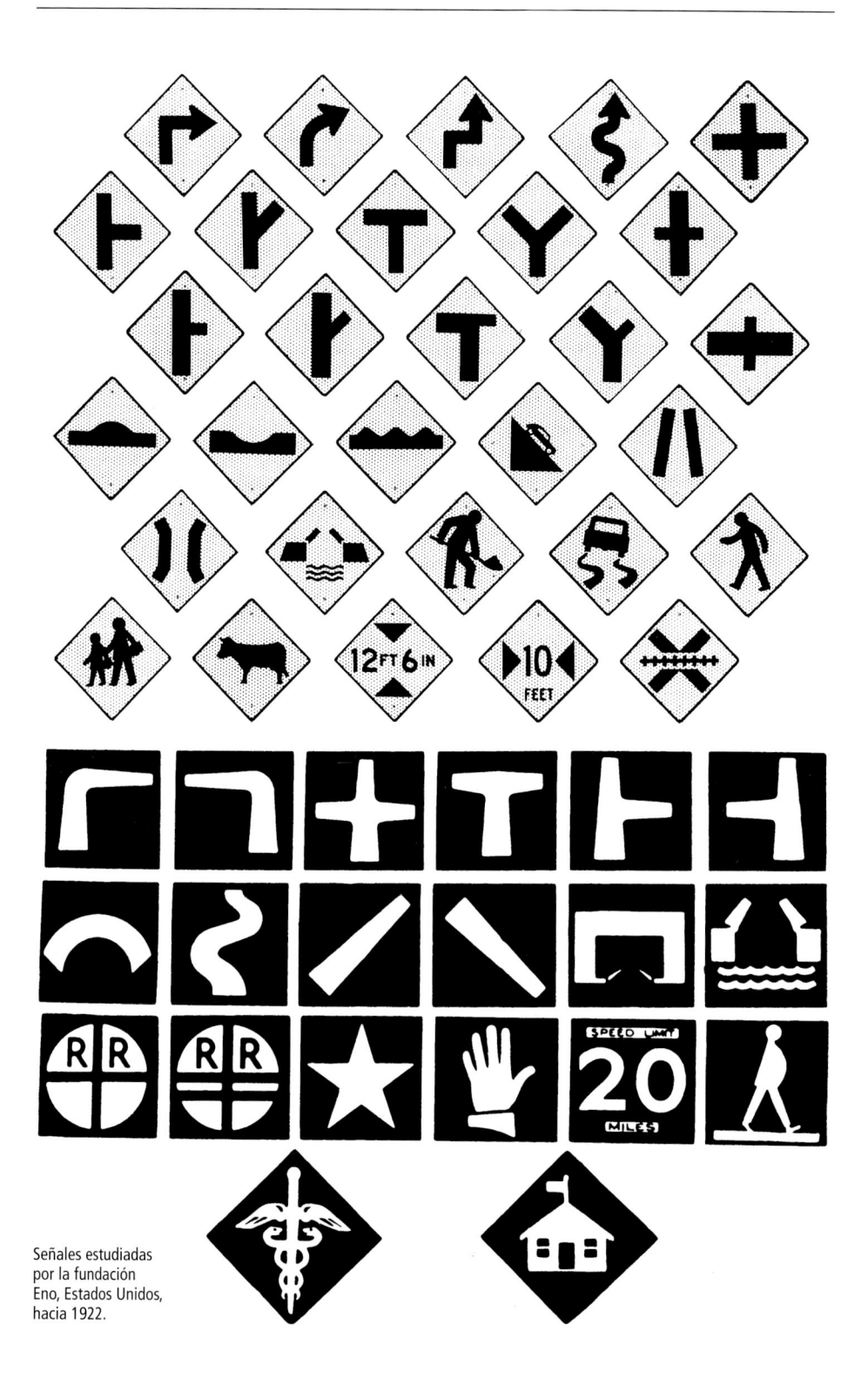

Señales estudiadas por la fundación Eno, Estados Unidos, hacia 1922.

Joan Costa

La facilidad de comprensión rápida hizo que las señales de tráfico fueran progresivamente más visuales con el uso de pictogramas.

La vieja técnica de "anamorfosis", que ya utilizaran Leonardo y Durero, se aplica a la señalización en el suelo: el punto de vista vertical del usuario hace que la imagen recupere su forma normal.

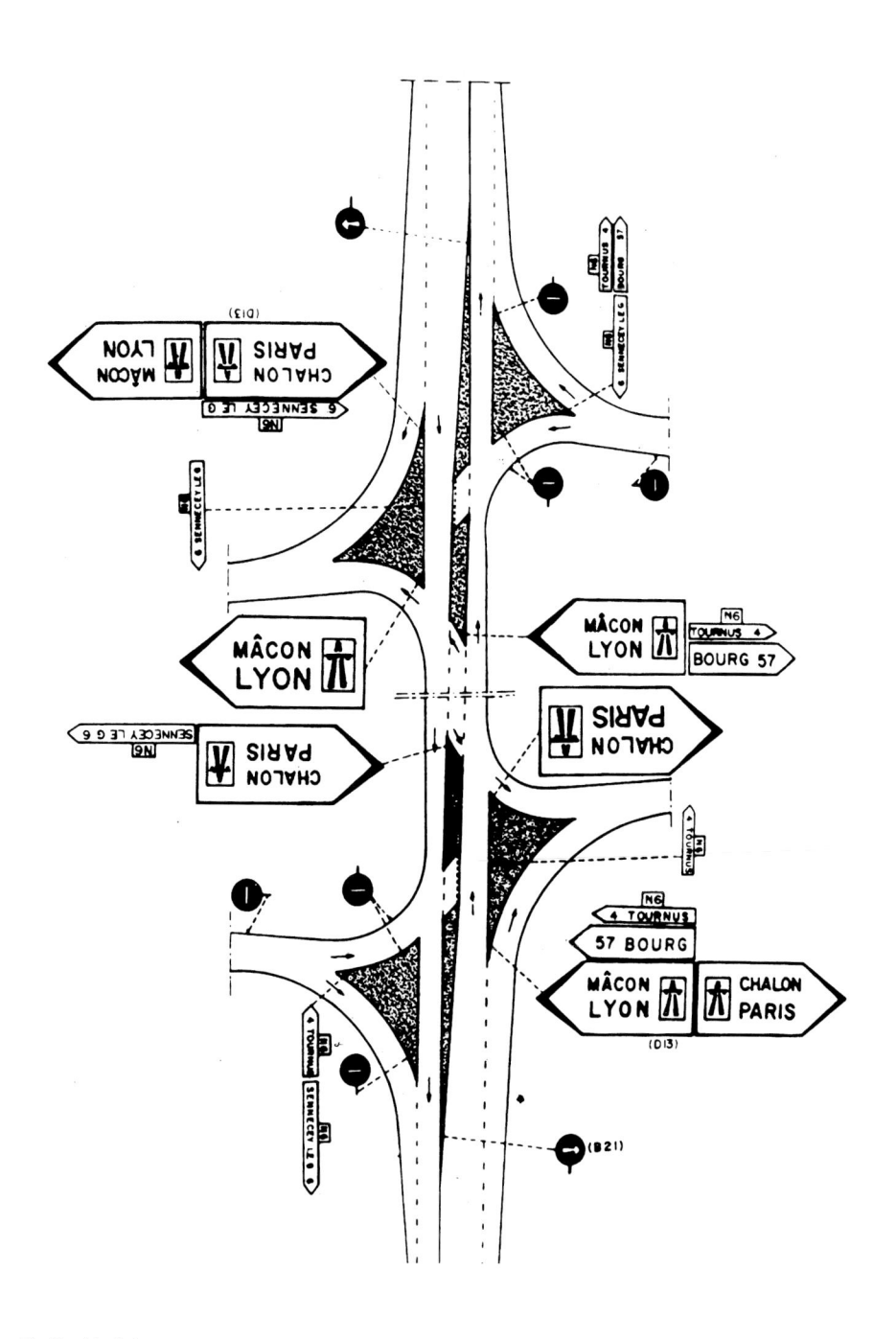

Planificación de la señalización de una autopista y sus bucles de salida y de acceso.

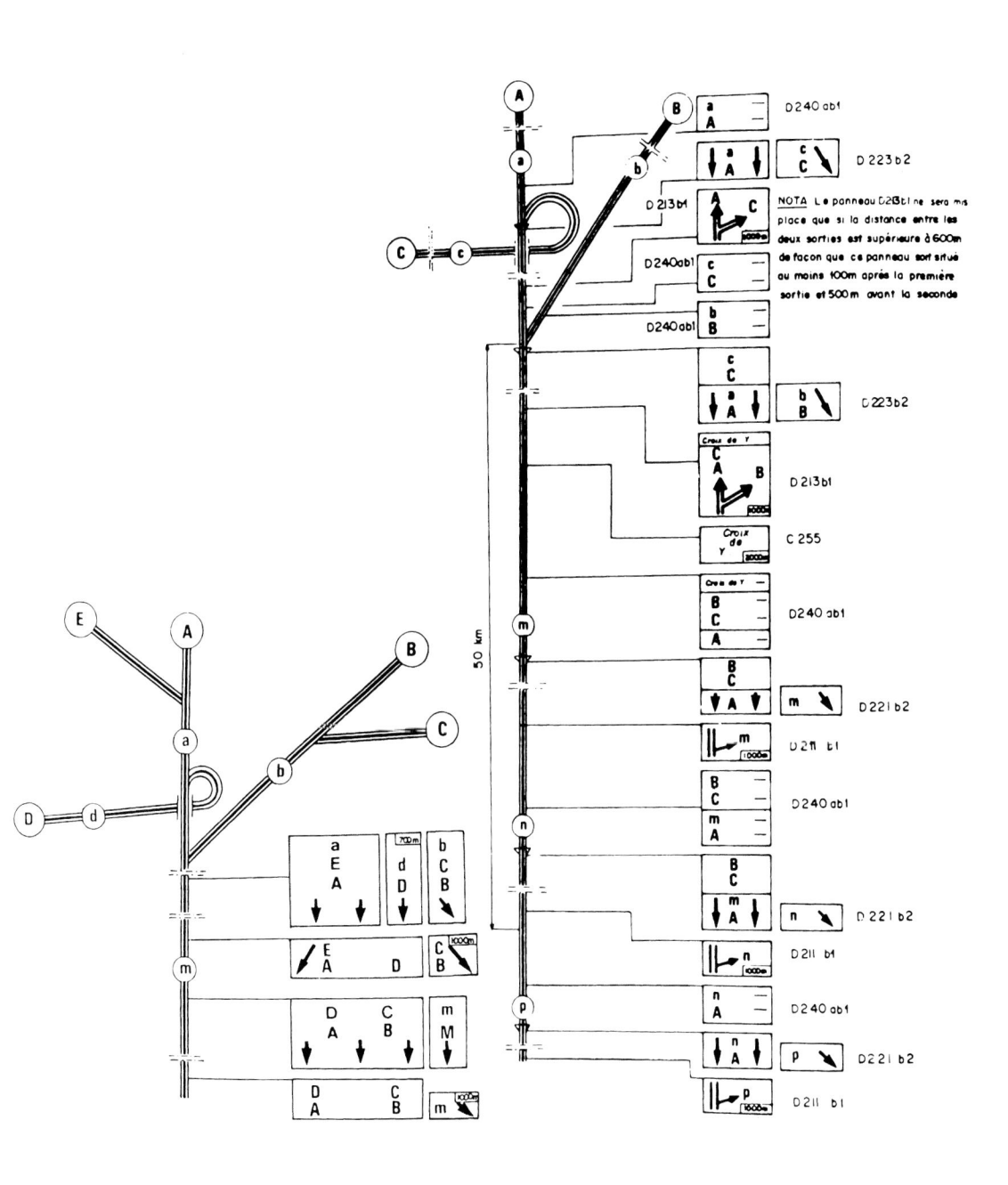

Señalización de un cruce y de los planes de orientación que lo preceden.

Empleo de señalización de dirección en una autopista.

3 Señalar

Vognfabrik

SMUGKROEN

La señalización comercial: una "señalación"

Concretemos de entrada una diferencia esencial: la señalación comercial *señala un punto concreto y presente*: el lugar mismo donde tiene lugar el comercio. No señaliza un territorio, unas rutas de circulación en las distancias como lo hace la señalización para el tráfico.

Por otra parte, la señalización vial y urbana ya había sido, como hemos visto, portadora de anuncios publicitarios. Así que hubo un momento en que ambos objetivos: regulación del tráfico y publicidad, se encontraron unidos en las señales. Pero, para evitar la competencia visual entre ambas clases de mensajes y garantizar la seguridad de automovilistas y peatones, los anuncios fueron retirados de la señalización. Anotemos este dato como testigo de la tendencia publicitaria a insertarse en la vía pública, lo que en el siglo XVII ya había empezado con la aparición del cartel.

Paralelamente a la señalización vial y urbana, con el despertar del "mercado" gracias al maquinismo y después el industrialismo, se desarrolla con los talleres y las tiendas de los artesanos y comerciantes otro sistema de *señales* y *señalaciones* en la vía pública que responde a las necesidades mercantiles: la identificación de los puntos de venta y la oferta de los productos que se expenden en esas tiendas y comercios. En ello subyace un elemento implícito en el mundo comercial: la competencia.

Un vínculo secreto relaciona los orígenes de la señalación comercial con el cartel. Pero es un vínculo que, al mismo tiempo que los une, los separa. El vínculo entre la idea de *señalar* y la idea de *publicitar* era más digamos espiritual. Es el mismo "espíritu urbano" de la señalación comercial y la del cartel publicitario lo que los une. Esta es la primera causa común. Pero al mismo tiempo que ella los vincula, los separa radicalmente de su referencia antecesora, la señalización vial y urbana, donde no hay publicidad ni hay competencia.

En efecto, la señalización del tráfico y la señalación comercial sólo tienen en común algo muy general: el hecho de *poner señales en la vía pública*, señales *abiertas al público*. Lo que difiere aquí son los objetivos comunicativos y las clases de señales. La señalización vial se propone advertir, informar y regular el tráfico con el fin de orientar y garantizar la seguridad pública.

Tivoli Gardens, Copenhague. Enseñas tradicionales de mercancías ofrecidas por los comercios.

La señalación comercial, igual que el cartel publicitario, quiere llamar la atención mediante el "reclamo", publicitar mercancías y servicios con el fin de vender. Si "publicitar" significa "hacer público", o sea, el sentido de "comunicar" o "poner en común", es obvio que las señales de tráfico, las señales comerciales y los carteles tendrán esta función común, pues todos hacen públicos y comunican sus mensajes por el hecho de estar abiertos, expuestos al viandante.

Pero ciertos rasgos generales, que a veces coinciden entre cosas diversas, nunca definen la especificidad de un sujeto concreto. A éste lo define la intencionalidad o el propósito de comunicar y el lenguaje que le es propio. En este sentido fundamental, es evidente que hay aquí dos tipos de objetivos: la *orientación* y la *seguridad* vial en un caso, y en el caso del comercio y el cartel, la *atracción*, la *venta*, el *negocio*. La primera se enmarca en las tareas de la administración pública. La segunda, en la producción y la economía privada.

La señalación comercial tiene dos aspectos: la función de *señalar*, pero señalarse a sí *mismo*: el comercio (que lo hace diferente del tráfico), y un aspecto *mercantil* (que lo hace semejante al cartel). Ambos contienen mensajes abiertos a la atención pública. Pero si el cartel *anuncia a distancia* algo que siempre se encuentra ausente del mismo -y generalmente lejos- y es representado o evocado en él, como un producto o un evento, la señalación comercial cumple simultáneamente dos funciones: *anunciar* lo que se vende y *señalar* el "sitio-aquí" donde eso se vende.

Otro aspecto que hace diferentes ambos medios es su origen. La señalación comercial procedía en sus inicios de la actitud más primaria y empírica: el "reclamo", que consistía en poner en la fachada de la tienda una señal que indicara aquello que allí se vendía, o que lo simbolizara; en los países mediterráneos, una rama de pino significaba que se vendía vino; una luz roja designaba el burdel. Estas señales eran necesariamente simbólicas porque no mostraban el objeto de transacción, sino que lo evocaban por medio de un código convencional.

El surgir de la señalación comercial

El propio objeto que aquí se vende -o él mismo simulado, colgado o expuesto en la puerta- hacía las funciones de *mostrar* y *señalar*, uniendo así directamente el producto y el lugar de la venta. Cestas, capazos, toneles, utensilios del campo, jarras, sillas, etc., indicaban lo que se vendía o lo que se reparaba. Tal vez aquí se encuentra el antepasado de los escaparates y las vitrinas. Otra clase de servicios, como el óptico o el callista, mostraban a modo de banderola perpendicular a la fachada, enormes gafas y anteojos, gigantescos pies humanos, que se mezclaban con las banderolas de las tabernas y los objetos de gran tamaño: alpargatas, paraguas, salazones, relojes, sombreros, pipas, golosinas, etc., etc.

Así, los establecimientos de comercio, igual que las lejanas corporaciones artesanales de la Edad Media, se identificaban y atraían al público por medio de objetos-reclamo situados en el exterior. Y se mezclaban con las inscripciones pintadas en los cristales de las tiendas, las rotulaciones *naïf* y con todo cuanto sirviera al deseo de atraer, mostrar, convencer o seducir.

Esta actividad, que tenía como objeto llamar la atención de la gente en el mismísimo lugar donde se vendían los productos o se ofrecían los servicios, tenía sus antecedentes en las enseñas, por ejemplo, romanas, que servían para identificar toda clase de negocios. Las enseñas de las hosterías, cervecerías, tabaquerías, carnicerías y otros comercios, fueron invadiendo progresivamente las calles y plazas de pueblos y ciudades europeos. Proliferaba así, en los siglos XVIII y XIX, una especie de heráldica callejera que reproduce emblemáticamente los objetos propios de cada actividad. Se llamó a esta práctica, *reclamo* -una palabra que provenía de la atracción para la caza-, y era la forma primigenia de la publicidad en el punto de venta: la señalación *in situ*. Se trata de un lenguaje directo, sin intermediarios y sin otro código que el de la "mostración". Gafas gigantes, violines, paraguas, cabezas de buey y de caballo, enormes pipas, pies humanos y enseñas tricolores de los barberos, constituyen todo un pintoresco repertorio de la señalación comercial, una singular decoración urbana, todavía presente.

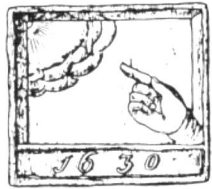

1-2. Enseñas holandesas.
3. Enseña de la droguería Mozart, Salzburgo.
4-5. Enseñas lyonesas.

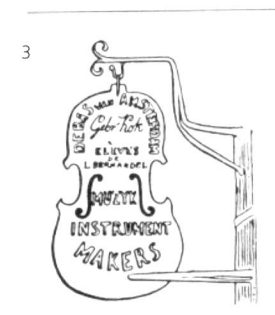

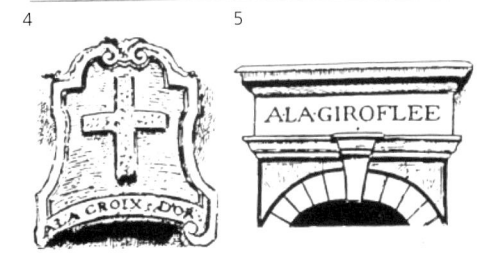

Durante centurias, los comerciantes y profesionales exponían símbolos tridimensionales que anunciaban sus mercancías. Aquí, ciertamente, una imagen dice más que mil palabras.

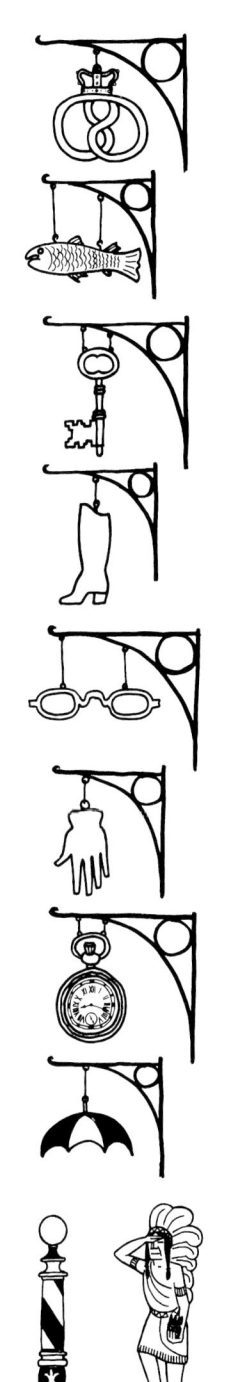

Las antiguas enseñas de los barberos, con sus bandas de colores blanco, rojo y azul, persisten hoy todavía. Ellas configuran una buena parte del entorno urbano, junto con los rótulos de los establecimientos, las enseñas de los comercios, la publicidad callejera y las señales de tráfico. La señalización publicitaria urbana se desarrollaría más tarde con una enorme profusión de rótulos luminosos espectaculares en movimiento que constituyen hoy día auténtica animación promocional.

La lógica mercantil quiso mostrar directamente y sin ambigüedad, a una población escasamente alfabetizada, aquello que cada uno hace o vende. Se seguía, por una parte, el aforismo: "una imagen vale más que mil palabras" y, por otra parte, el modelo de los artesanos de la Edad Media, que estuvieron obligados por ley a colocar en las fachadas de los talleres escudos pintados con ilustraciones relativas a los oficios que allí se practicaban. Si puedes mostrar directamente lo que vendes como reclamo, ¿por qué no hacerlo, representándolo en dos o tres dimensiones y a gran tamaño?

Los reclamos escritos quedaban, pues, en un segundo plano debido al analfabetismo. Pero si todos los ópticos, los bazares, los ultramarinos ostentaban en sus fachadas unas mismas figuras, de productos o "de oficios", lo que de hecho se estaba proclamando así era una especie de "presencia gremial" y no tanto la singularidad propia de cada comercio en particular, ya que el reclamo se fundaba en la elocuencia del objeto, muy visual y más grande que el original, y que por eso funcionaba perfectamente, y a distancia, entre una población que era en aquella época bastante "realista ingenua" (Köhler). Con el triunfo de la libertad de comercio, el sentido de la competencia entre iguales se agudizó, y el rótulo distintivo, la marquesina, el *lettering* con el nombre de cada negocio -que generalmente era el nombre del dueño o del fundador-, y después con el nombre de la marca, lo que en realidad se empezaba a gestar era la "identidad publicitaria" propia de cada comercio, y ya no el mensaje genérico de una actividad común. La identidad publicitaria de los comercios se continúa en la identidad marcaria de los productos.

Anuncio pintado en una calle de París.

Símbolos urbanos:
Energol motor oil, Italia.
Matsuya, Tokyo.
Shirokiya, Tokyo.
Swissair, Bangkok, Tailandia.

El cartel moderno

El paso que va de la mostración de los objetos en las fachadas de los comercios a su representación *en imagen*, ya fuera ésta realista o simbólica, fue la sustitución del objeto mismo por su réplica pintada: el caballo, el buey representados en el frontal encima de la puerta junto con el nombre del establecimiento, sustituyeron progresivamente las cabezas tridimensionales de estos animales. Lo cual incorporó un elemento estético importante: la *connotación* como un ardid de la seducción. Unos hermosos caballos pintados pastando en su escenario natural eran más bellos y sugestivos que el animal decapitado cuya cabeza de cartón en tres dimensiones asomaba a la calle.

Coexistían con estas imágenes artísticas los elementos simbólicos y abstractos. Las serpientes enroscadas en esbeltas copas que identificaban a las farmacias, fueron reemplazadas por las cruces luminosas, que poseían una mayor fuerza comunicativa instantánea, es decir, una fuerza de "señal". Las columnas blancas pintadas con franjas azules y rojas caracterizaban las barberías; esta enseña bicolor procedía según parece del uso de las vendas (blanco-azul) y del color de la sangre, asociadas ambas al antiguo oficio de barbero, entre sanitario (ellos aplicaban sanguijuelas para curar), higiénico y estético.

El Cartel vino de la mano de artistas consagrados. Ellos trasladaron a la calle el lejano espíritu del mural, el cuadro, el tapiz, el vitral, es decir la *verticalidad* en la representación del mundo, que ya está presente en

Señalética Corporativa

Centro de Transportes de Filadelfia, 1957. Signos geométricos en forma de flechas en color que son una nota luminosa sobre el muro.

Festival de Bretaña, 1951. Flecha Café.

Centro de Transportes, Filadelfia, 1957. El diseño de las letras contrasta con la geometría de la mano-flecha.

Goldberg Clothing Store, Nueva York, 1937.

Símbolos utilizados como elementos señaladores decorativos. Feria Mundial de Bruselas, 1958. Diseño de Brownjohn, Chermayeff & Geismar.

toda actividad de señalización, de señalación y en la señalética. El cartel es un mensaje plano, vertical, bidimensional cuyo soporte es el papel y su medio los muros de los inmuebles. Debemos a los artistas plásticos y a la técnica litográfica la invención del cartel.

De hecho, el nacimiento de la publicidad en París en 1630 -y en 1800 en Inglaterra, Alemania y EE.UU.- fue el nacimiento del cartel. Un mensaje gráfico que aparecía en la vía pública para "hacer público" (de aquí el término "publicidad") a una sociedad consumidora, los bienes que otra sociedad (más pequeña) productora y "marchante" ponía a su alcance.

La publicidad se gestó con el paso de una economía de la precariedad, agraria y artesana, a una economía de producción que fue obra de la Revolución Industrial, largamente construída con la llegada de la energía artificial entre 1780 y 1860. Sin embargo, como es obvio, la irrupción de la industria no reemplazó la artesanía, que era entonces una actividad de

Las columnas anunciadoras proliferaron en las ciudades, y los carteles, antes anárquicamente dispersos se ubicaron ordenadamente. Sus soportes privilegiados fueron las columnas al aire libre y los pasillos y andenes del metro.

"reparador" de los utensilios y herramientas del campo y del hogar, más que de "constructor" de esos útiles de la vida cotidiana, porque eran escasos y caros, y tenían que durar ya que se pasaban de padres a hijos.

El "comercio" estaba formado entonces por los talleres de los artesanos reparadores y productores, y por los pequeños comercios que vendían sus productos genéricos a granel. La industria, por su parte, aportaba al pequeño comercio distribuidor y al llamado "bazar" (tiendas bastante grandes donde se vendía de todo), sus productos, alimentos, herramientas, indumentaria y la diversidad de las cosas necesarias para la vida diaria.

En realidad, todos estos modos de "reclamar" la atención sobre los productos y servicios -ultramarinos, tabacos, farmacias, etc.-, no eran propiamente *publicidad* en el mismo modo que lo eran los carteles, pues éstos anunciaban cualquier cosa en cualquier lugar de la ciudad y con independencia de dónde se encontrara el comercio en el que se vendía.

Pues bien, en aquel contexto económico, conviviendo con el impulso de la industria automovilística, había surgido la publicidad exterior con el cartel moderno (al que seguiría el anuncio de prensa diaria). Su creador, Jules Chérét, había nacido en 1836, y artistas como Toulouse Lautrec, nacido en 1864, aportarían su arte al cartel cultural y comercial.

Pero es oportuno en este resumen histórico de la señalización, de los anuncios y de la influencia del arte del cartel, que volvamos un poco más atrás, con un paréntesis dedicado a los albores de la señalación comercial y a la práctica gráfica, para evocar un recuerdo histórico. Me refiero al *diseño gráfico* y sus inicios como disciplina proyectual. Era el año 1775, en los comienzos de la Primera Revolución Industrial, cuando en España fue inaugurada la primera Escuela de Diseño conocida: la "Escuela gratuita de Diseño", patrocinada por la Real Junta de Comercio de Barcelona, anticipándose casi un siglo y medio a la fundación de la célebre escuela de la Bauhaus en la República de Weimar, en Alemania. El diseño gráfico adquiría, en estos dos hitos, el estatuto de disciplina proyectual.

Un factor decisivo para el surgir del cartel fue la invención, en 1796, de la litografía por Alois Senefelder en Munich. El procedimiento litográfico permitía estampar hojas de gran tamaño e imágenes en colores. Los propios artistas dibujaban y hacían la selección de los colores directamente sobre piedra y en planchas de impresión por separado. Superponiendo los colores en la estampación sobre papel reconstituían el efecto propio del cartel: llamativas imágenes coloristas para ser vistas a distancia.

En 1905 apareció el término "urbanismo", con lo cual la idea de ciudad y el diseño de la organización urbana empezó a tomar fuerza. Los comercios, los espectáculos con el cine, las instituciones y las grandes compañías se hicieron muy presentes en la vida ciudadana de los grandes focos como París, Londres y Nueva York. Los carteles se afirmaron como medios de comunicación y aumentaron su tamaño invadiendo cualquier espacio abandonado o incontrolado. Así, los propietarios quisieron proteger sus muros e inmuebles prohibiendo la fijación de carteles que hacían un uso abusivo atentando contra la propiedad privada. La inscripción "prohibido fijar carteles" y la amenaza de multa por desobediencia fueron una primera acción tímidamente disuasoria. Los muros disponibles y las alturas de los edificios empezarían a ser explotados por los propietarios a cambio de dinero, para que se pudieran utilizar publicitariamente instalando carteleras de gran tamaño y anuncios espectaculares en lo alto de los inmuebles. Las ciudades incorporaron más tarde, un soporte ideado expresamente para exhibir los carteles y controlar el pago de los impuestos correspondientes; eran las *columnas anunciadoras* (que popularmente se llamaban en España "pirulíes"), y dieron un cierto aire cosmopolita a ciudades como París, Londres, Madrid o Nueva York, que fueron modelo para otras urbes en aquella época.

El cartel, señal y mensaje

El cartel había inaugurado la comunicación publicitaria a *distancia*, y empezó a formar parte de una vasta trama comercial heterogénea, que se extendería por la vía pública, y a la cual se incorporó definitivamente. De hecho, los primeros carteles prefiguraban la sociedad de libre mercado, que estaba llegando. Esta trama de señales urbanas, informal y desestructurada aparentemente, tenía todo el potencial que más tarde se desarrollaría como un reguero de pólvora y se extendería por doquier con el triunfo del industrialismo, que fue su gran motor. Pero mientras tanto, esta trama comunicacional precoz era necesariamente modesta y directamente inscrita todavía en el intercambio económico. Estaba configurada en las relaciones sociales, por los vendedores ambulantes, la venta callejera y los mercadillos, los días de mercado y de feria; lo que constituía el aspecto vociferante, ruidoso y dinámico del intercambio, unas veces por medio del trueque, y cada vez más, mediante signos monetarios. De otra parte, estaba el lado estático, fijo, de esta trama que empezaba a extenderse: las tiendas, comercios, talleres y oficios heredados del pasado; sus fachadas eran el soporte físico de sus propios signos distintivos, sus reclamos allí expuestos, tal como ya hemos comentado, que no eran sino la propia mercancía. Se incorporaban también a esa trama creciente de signos de la economía de la época, las rotulaciones espontáneas del arte popular, las ofertas pintadas en los cristales, los anuncios decorando los muros y, progresivamente, la presencia de los carteles impresos, que añadían colorido y arte a la vía pública. Porque el cartel venía directamente de la mano de los artistas.

Vemos aquí tres categorías de "señales comerciales" en la vía pública. Las señales sonoras de los voceros ambulantes anunciando sus mercancías en calles, plazas y mercados improvisados, lo que implica movilidad y una cierta manera de animación comercial que promueve, con el intercambio, el encuentro de los vendedores ofreciendo sus mercancías y los que acuden a comprar y a fisgonear.

Otra categoría que se integra en esta trama de comunicaciones en la vía pública son los puntos de venta fijos, los lugares estables y abiertos, donde la gente acude a comprar. Aquí las señales son visuales: los signos convencionales como la rama de pino o la luz roja coexistiendo con los propios objetos en venta (como en los mercados) o sus representaciones figuradas y muy explícitas, en tamaño bien visible y fijadas en las fachadas, generalmente sobre las puertas. Esta segunda categorización de las señales visuales ya dejó ver el pasaje de la mercancía misma como "señal de comercio", a su representación simbólica. El pie encima de la puerta del callista, la muela en la del dentista y la copa con la serpiente de las farmacias no son los objetos de lo que aquí se compra y vende, sino los símbolos de un servicio especializado, un intangible. En este pasaje de la propia mercancía *como signo*, a su *representación simbólica* e *icónica*, se sustituye el objeto tridimensional por la escritura (rotulación) y las imágenes pintadas. Lo que define básicamente las señalaciones comerciales es, precisamente, esta función señaladora *in situ*.

Desde los vendedores callejeros, los marchantes ambulantes, los mercadillos; los comercios y los establecimientos, todo, la propaganda, el reclamo, la exposición y la venta se produce *aquí y ahora*. Pero el tercer género de señales comerciales refleja netamente una actitud publicitaria. Son los carteles, pintados o impresos y exhibidos en la vía pública, que se incorporan al sistema mercantil, por primera vez como medios de una "telecomunicación". El cartel, por su propia naturaleza simbólica, se refiere a cosas que no están aquí y ahora en la pared: licores, alimentos, tintes para el pelo, espectáculos. Son *mensajes* elaborados. Ofrecen *contenidos*. La estrategia del cartel es apelar a los viandantes con sus imágenes, sus colores, sus promesas. El cartel fue definido como "un grito en la pared", recordando el vociferar de los vendedores ambulantes.

Los carteles eran "mediadores", intermediarios entre la estimulación del deseo y el acto de la compra. Pero lo que anuncian no está aquí en ellos, sino en otra parte, a distancia, en los comercios más o menos próximos o lejanos. El cartel tiene la facultad de mostrar, atraer, motivar y por su carácter sorpresivo original e impactante lograba ser recordado. Y esta aptitud, que se extiende más allá del lugar de la venta y del momento, y se polariza en el producto y la marca, y no en el establecimiento, prolonga la acción comercial en cualquier punto bien transitado de la ciudad. Es una auténtica "teleacción", una acción a distancia: separada del lugar y del instante de la venta. Por ser mensajes simbólicos, los carteles presentan los productos y sus ventajas de manera enfática, llamativa, estética, colorista, imaginativa y particularmente emocional. Y capturan la mirada, unas veces con humor -a menudo surrealista-, otras veces con apelaciones sentimentales, pero siempre sorpresivamente. "¡Cerrad los museos, el arte está en la calle!", escribió provocadoramente Abraham Moles.[8]

[8] A. Moles y J. Costa, *Publicidad y diseño*, Infinito, Buenos Aires, 1999.

El lettering espontáneo y popular

En esta trama de estímulos visuales predominantemente comerciales no podemos obviar las rotulaciones, el trabajo de los dibujantes, calígrafos y pintores de rótulos de establecimientos, que invadió los mercadillos, las cristaleras, los murales y carteles modestos, pintados también por espontáneos y aficionados. Su tesón no impedía que las faltas de ortografía, el trazo burdo o inseguro pero bien intencionado, y el aspecto *naïf* de este "arte bruto" (Dubuffet) ensombreciera su buena voluntad artístico-comercial.

De este modo -aunque cada una por su lado-, con la revolución industrial y la libertad de mercado, esta vía publicitaria de los artesanos y los comerciantes, enlazaría con el auge de las marcas de fábrica y su presencia creciente en la vía pública, muy influenciados por los primeros carteles que debemos a los artistas de la época y que fueron los verdaderos precursores de la publicidad incluso antes de la revolución industrial. Este conjunto de actividades nacidas con la señalación comercial, mereció el bello nombre de "arte de la calle" -del que el diseñador América Sánchez ha realizado un bellísimo libro sobre los comercios de Barcelona-.

Es así que la presencia simultánea, y cada vez más densa, entremezclada, y a veces hasta caótica en la actualidad, de todas estas clases de lenguajes -más los de la publicidad del consumo que invaden los entornos urbanos y las rutas del tránsito rodado- han llevado a la profusión indiscriminada, la confusión y la saturación, a la que se ha llamado eufemísticamente "contaminación visual", pero que quienes preferimos hablar claro llamamos "basura visual".[9]

Lo que pronto harían la electrografía y la arquigrafía -que ya estaban apuntando en esta trama creciente y diversa de señales urbanas-, sería llevar el concepto pregnante y sintético del cartel y su fuerza óptica a los propios comercios y los puntos de venta. De hecho, supondría un retorno a la función de *señalación* o de

Rotulación popular básicamente en lituano, en un comercio de Chicago.

[9] Véase el artículo *Contra la basura visual* en www.joancosta.com

identificación del comercio unida a la función publicitaria heredada del cartel. Pero ahora con la magia de la luz. El poder publicitario del cartel y la contundencia señaladora *in situ* se unieron. Y en esta nueva etapa de la comunicación comercial por medio de señales, signos y mensajes, luz y colores (toda la jerga visual), se redescubrió el valor de la *identificación del lugar* como diferenciación y como instrumento competitivo.

La irrupción de la electrografía

En 1910, el francés Georges Claude Neon desarrolla en París una nueva técnica que vendrá a activar lo más espectacular de la señalación comercial y publicitaria: la luz. Y con ella el color y el movimiento. ¡La lámpara de *neón*!

La empresa "Claude Neon", que él fundó, fue el verdadero monopolio de la manufactura del neón en sus primeros tiempos triunfales. Desde Times Square a Tokio; desde la Torre Eiffel y Broadway a Las Vegas, los signos, reclamos y anuncios en neón proclamaban la enérgica vitalidad y el auge del espectáculo visual urbano en la vida moderna.

Con esta nueva técnica: la *electrografía* (escritura y dibujo con luz) la señalización comercial sustituyó en gran medida los viejos objetos tradicionales señaladores colgados en las puertas de los comercios y los rótulos pintados, por sus réplicas publicitarias en neón. La magia de la luz y el color y los efectos de movimiento fascinaron a toda una generación. Su uso se propagó, se amplió y se extendió a la arquitectura y la publicidad con los gigantescos anuncios luminosos dinámicos que llegaron a convertirse en decoraciones espectaculares y en poderosos emblemas identitarios desde Picadilly Circus a Pekín o Shanghai.

Pero el contraste era grande, tanto como el éxito de la electrografía. Al mismo tiempo que la tecnología se sofisticaba, proliferaban las rotulaciones burdas y desordenadas recubriendo fachadas, cristaleras y escaparates de toda clase de comercios. Había que seguir en la guerrilla, detener al paseante, cazarle al vuelo. La estrategia del contacto contingente era cómplice de la estrategia de la fascinación eléctrica. Este griterío eléctrico desaforado empezó a recubrir la piel de las fachadas, los inmuebles y las avenidas sin ningún respeto hacia ellos. Para los comerciantes y los publicitarios, antes que arquitectura y urbanismo, las ciudades eran "medios" y soportes de la propaganda y el comercio.

Portada de un catálogo comercial del francés Georges Claude Neon, cuyo apellido se convirtió en genérico del nuevo espectacular sistema eléctrico. 1923.

Página del boletín de los años 1930 para Rite-N-Neon, de Neon Products, Inc.

Portada de la publicación periódica Claude Neon News, 1928.

Este step-in en neón causó verdadera sensación en el banquete anual del Advertising Club de Baltimore, en 1938.

Señalética Corporativa

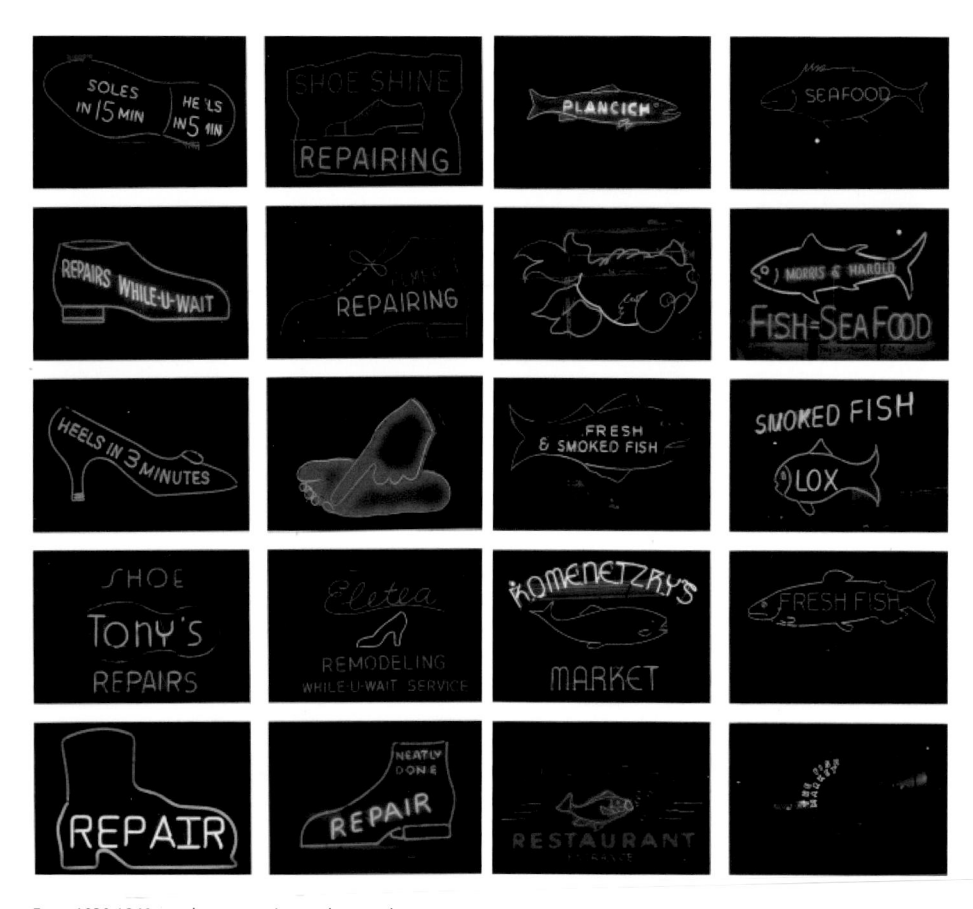

Entre 1930 1940, muchos comercios modestos adoptaron las enseñas luminosas que fueron la sensación de la época. Las variantes locales de los reparadores de calzado y las pescaderías venían a sustituir las antiguas reproducciones tridimensionales de los objetos que antaño se colgaban en las puertas de los comercios.

Lakeland, Florida.

La electrografía cubre la fachada del RKO Theatre, 1937.

Muchas compañías instalaron banderas eléctricas en sus edificios durante la Segunda Guerra Mundial, 1942.

La torre Eiffel en la iluminación antológica para Citroën.

LUCKY
BINGO
Lucky Casino
LUCKY CASINO
GOLDEN NUGGET
FREE YOUR PHOTO FREE
LUCKY CASINO
SALOON
SNACK BAR
Casino

Joan Costa

Un clásico del espectáculo eléctrico. Casino de Las Vegas, Nevada.

Un aspecto de la señalación publicitaria que puede verse en cualquier gran ciudad.

...riba: instalación ...l espectacular ...ninoso en el ...cky Casino de ...s Vegas, por la ...ung Electric Sign ...mpany, 1960.

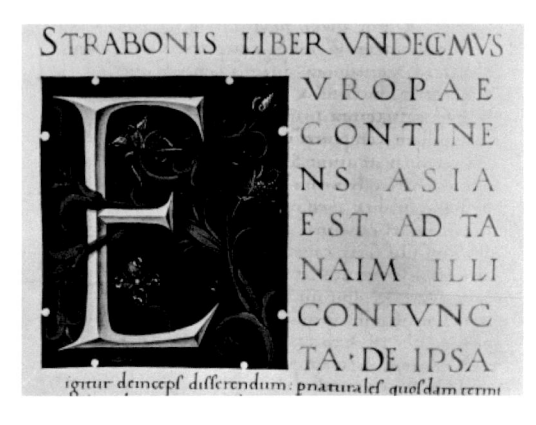

La arquigrafía buscó en las fuentes de la letra romana clásica. Inicial, Strabo, de Andrea Mantegna en "Die Situ Orbis", 1959. Biblioteca Rochegude, Albi.

Una letra en volumen que es parte de una arquigrafía fabricada en Estados Unidos. Nótese la semejanza con las elegantes proporciones de la letra de Mantegna.

La arquigrafía

Junto con la electrografía, las rotulaciones del arte popular y el *lettering*, las señales marcarias e identitarias hechas con palabras y logotipos vinieron a incorporarse a la señalación comercial. La colaboración del grafismo y la arquitectura (arquigrafía) aportó un nuevo sentido del orden y la estructura de la información en la vía pública. Hubo en este movimiento una parte interesante de reacción. Localizamos aquí dos antecedentes bien distintos pero que se reencuentran en la estética: el propósito de dignificar el aspecto de las empresas, instituciones y grandes centros comerciales, que daba un carácter más moderno y cosmopolita a la ciudad, y con ello, el esfuerzo racional por luchar contra el desorden, el caos visual de pintadas y graffitis comerciales, y en síntesis, el exceso que se apoderaba del entorno. Este espíritu urbano de dignificar y poner en valor el aspecto más público y más permanentemente de los comercios, las empresas y las instituciones hizo volver la vista al pasado clásico. El orden, la estética y el canon. El respeto por la arquitectura y por el entorno. El gusto por la perfecta proporción, la caligrafía y la tipografía a gran escala.

Las inscripciones epigráficas y las obras de los grabadores lapidarios, con la letra clásica romana tipográfica cuyo canon se encuentra en la columna de Trajano (Roma, año 113 a. C.) constituyeron la referencia tipo y el modelo de equilibrio. El diseño gráfico tuvo en la arquigrafía un renovado soporte (la piedra, el mármol, el acero, el cristal), bien ajeno al soporte tradicional desde la imprenta, el papel. La arquitectura supuso para el diseño una estructura material sólida, estática y permanente, y por eso mismo un nuevo soporte determinante. Supuso también un modo diferente de percepción del mensaje arquigráfico: el volumen, los distintos puntos de vista frontal, oblícuo, próximo, lejano y las distancias intermedias. Y, por supuesto, otro factor distintivo de la arquigrafía, además del soporte, fue el entorno y la luz ambiente cambiante a lo largo del día y de la noche.

Si en principio fueron los edificios nobles de las instituciones públicas los que adoptaron esta vuelta al canon y la armonía, pronto fueron imitados por las administraciones, las instituciones prestigiosas (bibliotecas, facultades, museos, bancos), hasta la llegada de las empresas multinacionales y los grandes grupos, que rechazarían el espectáculo vulgar del neón para afirmar una identidad basada en la solidez y la respetabilidad pública, a las que contribuían la elegancia del diseño, las connotaciones de la piedra, los materiales nobles y la importancia de la edificación. Por primera vez en la era industrial, la arquitectura es considerada no sólo como envolvente que encierra un contenido y posee una forma singular, sino también y explícitamente como un signo identitario que se destaca y se afirma poderosamente en el tejido urbano.

Este cambio sustancial en la señalación comercial fue asimismo impulsado por la importancia que tomaría la arquitectura y los estilos decorativos y, por otra parte, por el rigor que impuso la escuela alemana al diseño y la tipografía. La función del *lettering* en la arquigrafía era la de señalar la identidad nominal del lugar comunicándola con la palabra, el signo alfabético, el logotipo.

La revalorización de la tipografía bien proporcionada y ordenada, y la bella caligrafía con sus arabescos, desplazó los símbolos comerciales del pasado reciente para sustituirlos por los logotipos, anagramas y siglas, y por las marcas gráficas. Una tal coordinación entre arquitectura y escritura, entre rotulación y estética, entre el signo y la identificación del lugar, dejó interesantes testigos de la integración del grafismo en la arquitectura. Dos ejemplos bien característicos de una época los tenemos en los comercios y los accesos del metro de París a principios del siglo XX, y el edificio de la Bauhaus en Dessau.

La arquitectura en general y los comercios se adscribieron, entre otros estilos como el cubismo, al estilo de cada época. Entre 1890 y 1910 se impuso el *Art Déco* o *Art 1900* en Francia, llamado *Modernismo* en España, *Jugendstil* en Alemania, *Floreale* en Italia, *Secession* en Austria, *Liberty* en Inglaterra, *Art nouveau* en Bélgica. Mientras, se solapaban en parte para emerger con fuerza con el *Deutscher Werkund* en Alemania (1907-1934), el movimiento *De Stijl* en Holanda

Logotipo caligráfico en un comercio de Tokio. El contraste de los materiales y la escala contribuyen a la elegancia del diseño.

Señalética Corporativa

Señal ejecutada por la División de Mantenimiento del Ministerio de Obras, Londres. Letras doradas clásicas sobre fondo azul oscuro.

Rótulo sobre estuco. Nördlingen, Alemania.

Caligrafía pintada encima de la ventana de un Café. Ámsterdam, Holanda.

Tienda Woolworth en Princeton, New Jersey, con la clásica letra en volumen inspirada en la romana.

Arquigrafía en bronce de autor desconocido, principios del siglo XX, Nueva York.

(1917-1931). Y en los mismos años, el *Vkhutemas* soviético, con el constructivismo, y la *Bauhaus* en Alemania. Todos estos movimientos aportarían elementos estéticos y estilísticos de cambios culturales. La tendencia dominante sería el pasaje de lo decorativo y ornamental iniciado en 1890, a lo riguroso y funcional en resonancia con el industrialismo en su Segunda revolución.

Así, el citado metro de París y los comercios europeos, con el mobiliario, los objetos y la tipografía, fueron portadores entusiastas del *estilo del tiempo* (el Modernismo). Las influencias geometrizantes del cubismo y el funcionalismo impulsaron lo que el diseño comercial concibió como el "estilo de la casa" (véase el edificio y la arquigrafía de la Bauhaus). Lo que en la ideología de la Bauhaus era el estilo del tiempo y el estilo mismo de la Casa, en las empresas, los negocios y las instituciones seria el *house style*. La bandera de su identidad expresada en el medio público, el entorno urbano, a través de la arquigrafía.

Bauhaus, Dessau (Alemania), 1925. Walter Gropius, arquitecto; Herbert Bayer, grafista. La forma redondeada de la A contribuye al ajuste a su emplazamiento vertical y hace el conjunto más armónico.

Entrada al metro de París. Estructura y rótulo diseñados por Hector Guimard a principios del siglo XX.

Modernismo. Letras diseñadas por Otto Eckmann, Alemania, 1896.

Letras diseñadas por H. van de Velde para "Van Nu en Straks", Bélgica, 1896.

Numerales para el Hotel Solvay, Bruselas, Bélgica, 1895. Arquitecto, Victor Horta.

Anuncio para "Dekorative Kunst", 1898. Diseño de Georges Lemmen.

La aparición de la señalética en el contexto económico

Con la llegada de la electricidad se formaría el embrión del sistema de servicios públicos y administrativos. Propiedad privada, impuestos, certificaciones, aduanas, educación, servicios de suministro eléctrico, energético y de agua potable, salud pública, teléfono, transportes públicos, etc., etc., que serían asumidos en principio por el Estado y pasarían progresivamente a las manos privadas, supusieron la construcción de una estructura burocrática gigantesca y centrada en la administración pública, que exigía de la población constantes trámites y gestiones en los propios edificios sociales, lo que suponía desplazamientos, largas filas de espera,

Una tienda en Palma de Mallorca, España. Las letras y las líneas decorativas son conformes con la arquitectura modernista del edificio, de primeros de siglo.

búsqueda de los departamentos correspondientes en cada caso, necesidad de informaciones y orientaciones que guiaran los pasos de los ciudadanos. Era la época de la burocracia y los funcionarios de las ventanillas.

Se construía así el embrión del tejido de los servicios, que se iría ampliando, confirmando y también diversificándose en la producción industrial (que habría que hacer llegar a todas partes para ser distribuida) y también con el auge consiguiente del comercio y los servicios privados. Las estadísticas que ilustran las evoluciones de la historia económica -desde la economía agraria al industrialismo y de éste a la economía de servicios, que es la nuestra-, muestran muy explícitamente los avatares desde 1870 hasta la actualidad.[10]

[10] J. Costa, *Comunicación corporativa y Revolución de los Servicios*, Ciencias Sociales, Madrid, 1995.

Tomamos de estos estudios estadísticos los porcentajes de puestos de trabajo (ocupación de la población activa) en los USA por sectores de economía. He aquí los datos principales:

En 1870, la *economía agraria* había alcanzado su cénit con el 50% de ocupación, que cayó al 35% en 1910, y desde entonces hasta hoy se ha quedado en un 3,5%.

En 1950, en pleno auge de la *economía industrial,* este sector ocupaba el 40% de la población activa, época en que se inició su descenso hasta hoy, que está en el 20%.

Por el contrario, en 1960, el ascenso de la *economía de información* había alcanzado el 40% de la población ocupada en este sector. En la actualidad ocupa el 60%.

La *revolución de los servicios* ha desarrollado una evolución paralela realimentándose con la economía de información. En 1960 ocupaba el 20% de la población activa. Hoy ocupa el 70%.

El embrión de la identidad corporativa

El trabajo pionero, visionario, que el arquitecto, diseñador industrial, grafista y tipógrafo Peter Behrens desarrolló a partir de 1908 en la empresa alemana AEG fue un hito histórico y anticipatorio. Behrens fue el primer *designer* integral y director artístico en nómina de una gran empresa, gracias a la intuición de su director general, que decidió contra viento y marea, contratarlo. Behrens concibió y diseñó un programa completo para las producciones de la firma: los objetos, desde lámparas, teteras, ventiladores y material eléctrico industrial y electrodoméstico. También diseñó las marcas, los carteles, la tipografía y los catálogos. Y la arquitectura industrial y comercial, las oficinas, los stands y exposiciones.

El propósito de Behrens a través de la concepción de un estilo y de la coherencia formal de las cosas que representan a la empresa -los bienes que produce-, fue la intención de *superar* esas cosas. Sus formas son al mismo tiempo funcionales, estéticas e identitarias, indican en su conjunto una manera propia de ser, de hacer y de comunicar: la personalidad global de AEG en aquella época precisa.

El alfabeto Clarendon rediseñado por Elaine Lustig para Mitten Letters, 1957, ha sido muy utilizado en arquigrafía.

Los Angeles. El tamaño de las letras y su situación en la fachada consiguen una composición espacial efectiva.

En otras palabras, se trata de una manera sistemática de manifestar y potenciar la identidad de la empresa como un *supra valor* estratégico. Esta idea nuclear, si bien no hubiera sido expresamente formulada y difundida en su tiempo, está visiblemente presente en la obra precursora de AEG-Behrens. Que -no lo olvidemos- fue anterior (1908) y en cierto modo premonitoria, de la obra integradora de la Bauhaus (1919). Pero aún hay más: fue también la matriz de lo que llamamos *identidad corporativa* desde los años 60 del siglo pasado. O de lo que, más holísticamente e integrando todos los recursos del diseño, he llamado *imagen global*.[11]

Vamos viendo así, con esta reconstrucción de las referencias que coinciden en la señalación comercial, los nudos de ese entramado entre:

- la señalización exterior (señales de tráfico) en las ciudades y las carreteras,
- el cartel, publicidad exterior, asimismo ligado a la vida urbana,
- la señalación externa del pequeño comercio de la época, ya bien diferenciado de la actividad fabricante,
- la electrografía y la arquigrafía apoderándose del entorno urbano,
- y finalmente, la aportación de la identidad corporativa a empresas e instituciones y las nuevas tecnologías como una estrategia integrada, más allá de la comunicación convencional, y abarcando su aspecto externo y su interior: señalética corporativa.

[11] J. Costa, *Imagen Global*, Enciclopedia del Diseño, Ceac, Barcelona, 1987.

¿Dónde se encuentran, pues, los lazos que unen la señalización urbana y vial, la señalación comercial y la señalética corporativa? Este último eslabón lo liga directamente con los servicios -hoy nos encontramos en la economía de servicios, no lo olvidemos-, donde la complejidad generalizada y la guerra de la competitividad, ha puesto en primer plano la doble necesidad de *identificar-diferenciar* y de *atraer-informar* para servir y orientar los flujos de gente en las pequeñas y grandes superficies y espacios complejos. En busca de la satisfacción del cliente y de su fidelización.

La señalación identitaria

En esta encrucijada, el mundo de los servicios ha tomado definitivamente la palabra. Banca, distribución, centros médicos privados y públicos, grandes superficies de venta, *drugstores* y *megastores*, compañías de transportes ferroviarios y aéreos, aeropuertos, cadenas comerciales, franquicias, redes multiservicios, y todo un universo, opuesto pero complementario de la producción industrial seriada, se extiende con gran brío sustentado en la publicidad y el marketing. Con la aparición, más reciente en los países desarrollados, del ocio, los espectáculos deportivos, las grandes cadenas hoteleras, la industria de la salud, los museos, el turismo cultural, los centros termales, los parques temáticos, las exposiciones internacionales y las promociones culturales y sobre todo turísticas, se hace más y más patente una nueva necesidad, al mismo tiempo *informativa-orientativa-motivante*.

Esta necesidad estaba impulsada por la exigencia de atender al público *en los lugares de servicios*, y de orientar los flujos en esos espacios para una mejor información y eficacia, que hiciera los servicios localizables y fácilmente accesibles y utilizables. Al propio tiempo que la naturaleza misma de *servir* requería organizar, estructurar los servicios e *informar* de su existencia y del lugar preciso donde éstos se encuentran, la estrategia comercial imponía en estos espacios propios los rasgos exclusivos y diferenciadores de la empresa: sus signos de identidad.

La conjunción de ambos objetivos en el espacio-empresa: *informar* y *guiar*, es, de hecho, el primer servicio que se ofrece al público. La promoción de la identidad corporativa, reforzada asimismo por la *señalética*, ha dado lugar al nacimiento de esta disciplina en la comunicación corporativa.

Pero tal como sucede siempre, la cosa fue anterior a la palabra que la designa. La práctica señalética nació antes que el nombre que ésta adquirió, y antes de que fuera formalizada como disciplina de diseño. Una vez la cosa existe y toma forma poco a

Enseña en relieve identificadora del Banco de Bogotá.

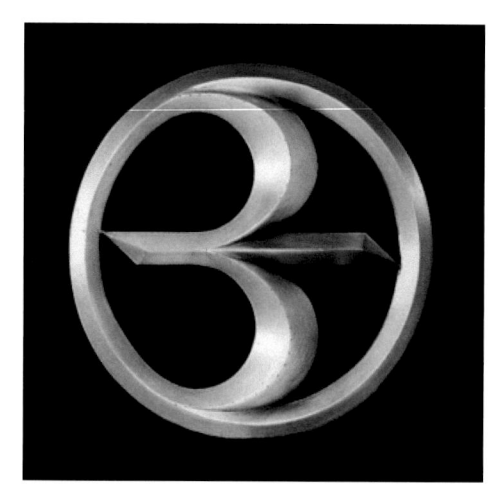

poco, hasta que su entidad está bien afirmada, entonces es preciso darle nombre -lo mismo que sucedió con el "diseño"-. Por eso no es posible fijar un momento preciso, digamos "histórico", que evidenciara el nacimiento de esta práctica. Si los inventos y los descubrimientos tienen fecha, no así los procesos creativos y de formación de nuevas disciplinas. Lo que sí hemos intentado aquí ha sido detectar las circunstancias, o el cruce de condiciones históricas y el contexto socioeconómico, en los cuales la señalética se incorporaría a la comunicación corporativa.

La señalética se había forjado en una fase ya muy avanzada de la segunda revolución industrial, motivada por otra clase de necesidades -concomitantes con la señalación comercial que la había precedido- y en un contexto económico ya bien distinto. Era el paso del posindustrialismo hacia la nueva economía de servicios, cuyo germen se estaba desarrollando decisivamente hacia 1950.

Este cambio de escala y de designio en cierto modo explica las evoluciones y, sobre todo, las interacciones que pudiéramos ver entre la señalación comercial y la señalética. Pero fundamentalmente, deja ver con bastante claridad en su continuidad, las diferencias y la complementariedad que definen a la señalación identitaria y la señalética, y en consecuencia, la especificidad de cada una de ellas. Esta especificidad de la *señalética* ligada estrechamente a la *identidad* -y por consiguiente, a la imagen pública- la ha convertido en una *disciplina* interactiva de pleno derecho en el interfaz con sus usuarios, en lo que podemos llamar el "espacio-empresa" y "espacio-institución" como *el lugar de la identidad*. Que es el mismo *lugar de la experiencia*, tanto en el sentido funcional como en el emocional.

Señalética del edificio central de La Caixa, Barcelona.

4 El proyecto señalético

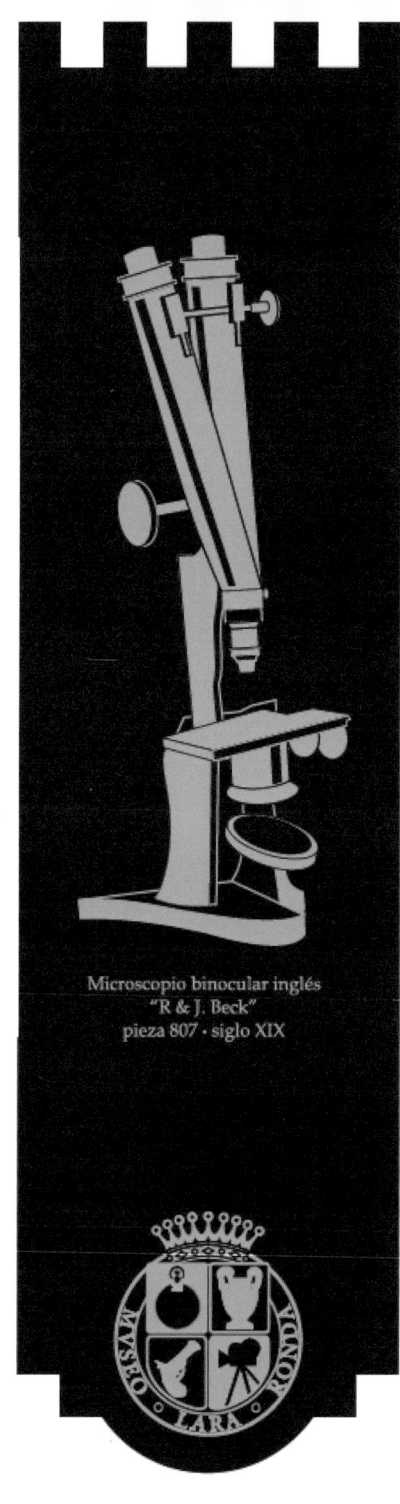

Reloj de bolsillo francés
"Romilly"
pieza 433 · París s. XVIII

Microscopio binocular inglés
"R & J. Beck"
pieza 807 · siglo XIX

Abanico español de baraja
pieza 482 · siglo XVIII

Diseño de estandartes informativos correspondientes al programa señalético institucional creado por Sebastián García Garrido para el Museo Lara de Antigüedades, Artes Decorativas y Bellas Artes, de Ronda.

Diseñar programas señaléticos

¿Es la señalética un media en el sistema de los media? En el mundo de la comunicación, los media técnicos son medios de contacto con el público. Pero medios de *difusión,* masivos (mass media) y unidireccionales: son sólo emisores. Sin embargo, la "comunicación" entre la empresa y el público no es exclusivamente esa que es difundida por la televisión -que es como un riego por aspersión sobre la masa social-, sino el conjunto multiforme de los mensajes que emiten y reciben.

De hecho, y para ser eficaz, la empresa trabaja en las tres escalas de la comunicación. Estas son, de mayor a menor, la escala *masiva* (difusión), la escala *selectiva* (dirigida) y la escala *relacional* (interpersonal). Son como tres categorías que en gran medida están marcadas por la psicología *proxémica*, que es la ciencia que estudia los efectos de los actos y mensajes próximos por oposición a los mensajes y fenómenos lejanos. La psicología de la señalética está impregnada de proxémica, lo que es parte de su estructura informativa como medio de comunicación.

La proxémica en la psicología de la señalética

En una nueva clasificación de las ciencias de la conducta, la proxémica sería el conjunto de todas las afirmaciones teóricas y las evidencias experimentales que se puedan ofrecer hechas sobre la base del axioma siguiente: las mismas cosas (mensajes, hechos, fenómenos, seres) tienen más capacidad de implicación psicológica cuanto más próximos están a los individuos. Es lo que los filósofos de la centralidad llaman "punto aquí", aquél en el cual el individuo se encuentra físicamente, y donde él se percibe a sí mismo como "centro". Dicho en sentido inverso, la proxémica ha demostrado que aquellas mismas cosas que son o que acontecen pierden su capacidad de afectar o motivar cuanto más lejos están de los individuos. La proxémica reposa, pues, en una especie de *perspectivismo*, en un entorno escalonado alrededor de cada individuo considerado como centro del mundo (de su mundo). Esto supone una valoración de lo que está más cercano e inmediato, y una interacción con ello, en detrimento de lo que se encuentra más lejos.

Este mundo visto en perspectiva establece modos de contacto comunicativo en los tres espacios que he evocado más arriba: 1, un mundo artificial, tecnológico: las telecomunicaciones que operan por medio de personas interpuestas: los modelos, el *casting*, los personajes que aparecen en los anuncios; 2, un mundo más cercano a mí y que se define por aquello que me atre, me afecta o me concierne más directamente (mi entorno próximo, las opiniones de mis allegados, las noticias de la prensa local, de las asociaciones de consumidores y usuarios; los medios que yo utilizo: teléfono, cajero automático, Internet); 3, un mundo más personal: el de las relaciones, las interacciones y las comunicaciones interindividuales (las personas que me atienden en un servicio médico, un banco o un megastore; la imagen que ellos proyectan en mí; los espacios físicos que ocupan y que yo frecuento; las experiencias (satisfactorias o negativas) que allí vivo en directo y en tiempo real.

Aparte de estas consideraciones, no debe olvidarse la importancia de la señalética corporativa en su difusión mediática. ¡Cuántas veces hemos visto el edificio del Nasdaq, la Torre Agbar, el Guggenheim, las sedes de multinacionales y las cadenas de distribución en los medios! ¡E incluso la imagen, el proyecto del todavía inexistente nuevo estadio del Futbol Club Barcelona, ya ampliamente difundido por la prensa!

La señalética es un medio, porque ella es *mediadora* entre la empresa y sus públicos en los espacios proxémicos más directos y efectivos: el de la proximidad física de los individuos con las empresas. Y ellas mismas como "contenedores" y oferentes de servicios: los puntos de venta, las instituciones (el entorno próximo), y el de la interacción y las relaciones interpersonales (el entorno inmediato), tan decisivas en nuestra economía de servicios. Donde "los servicios son las personas".[12]

[12] J. Costa, *Identidad corporativa y revolución de los servicios, op. cit.,*

La señalética corporativa funciona directamente *in situ*, en el entorno urbano y rural, y es la puerta de acceso, de identificación y reconocimiento de la empresa, con la que yo convivo en ese entorno, y donde su presencia física permanente forma parte del escenario de la vida cotidiana de la gente. Esa puerta de acceso que la señalética identifica y señaliza es la continuidad con el interior: la empresa como un todo integrado, que así es reconocida. La empresa o institución en tanto que lugar de los servicios: públicos, privados, financieros, médicos, culturales, comerciales o de gestión.

Esta cobertura polivalente de la señalética corporativa evoca otra trilogía, que coincide conceptualmente con la anterior. Son las tres dimensiones clásicas de la forma en arquitectura: su entorno, su contorno y su dintorno. 1), la obra arquitectónica (sede social, oficina, comercio, etc.) inserta en el *entorno*, en el que irradia su presencia, y se define físicamente por la forma identificadora, distintiva, competitiva de 2), su *contorno,* su propia cáscara; el cual encierra 3), su *dintorno*, esto es, el lugar interior acotado donde se presta el servicio al público y donde éste se relaciona directamente con la empresa. En pocas palabras, el lugar donde se experimentan satisfacciones (la calidad del servicio, del producto) y emociones (la singularidad única y la experiencia que allí se vive).

Por consiguiente, la señalética corporativa es una disciplina de diseño polivalente. Ella recubre y coordina el sistema gráfico de la identidad visual con la identidad ambiental, y ésta con la información espacial de la señalética interna. Dado que el diseño de la identidad corporativa o de la identidad marcaria siempre es anterior al proyecto señalético, en este trabajo y por motivos prácticos, dejamos aparte el diseño de identidad, del que me ocupo en otros libros y en mis cursos on-line.[13] Nos centraremos, pues, en el proyecto específicamente señalético.

[13] J. Costa, *Identidad corporativa*, Trillas, México, 1993. *Imagen corporativa en el siglo XXI*, La Crujía, Buenos Aires, 2001. *Diseñar para los ojos*, Costa Punto Com, Barcelona, 2007.

La señalética como lenguaje-guía

La señalética es un *lenguaje* dentro de un *sistema informacional*. En un sentido y en otro -como lenguaje y como sistema-, el diseño señalético impone una serie de condiciones que determinan en buena medida la creación de este tipo particular de *programas*. La unión de "lenguaje" como medio de expresión, y de "sistema" como modo de funcionamiento en el interfaz con los individuos, se resuelve en el *programa señalético*. Éste además de coordinar el aspecto técnico y el creativo en la resolución del problema, prevé ulteriores extensiones que puedan necesitarse con el desarrollo de la empresa.

En tanto que lenguaje, la señalética es un sistema de signos bimedia, imagen-texto, que combina palabras y enunciados con formas icónicas. Son los signos alfabéticos y los pictogramas. Los primeros de origen lingüístico y los segundos icónicos, éstos representan cosas por medio de formas y figuras. Los pictogramas en general representan objetos y también ideas, pero éstas son otra clase de figuras que, al proceder de las ideas ("no pasar", "punto de encuentro", "información", etc.) tienen el nombre, más preciso, de ideogramas.

Como todo lenguaje, la señalética se compone de *signos* (unidades mínimas de sentido) que constituyen un repertorio: las palabras y las figuras. Incluye asimismo una *sintaxis*: articulación de las palabras y las figuras formando enunciados. Y supone una *legibilidad*. Es la eficacia de la señalética en relación con los individuos, sus utilizadores.

Principios sobre el lenguaje señalético

El lenguaje señalético es, básicamente, el lenguaje gráfico bimedia, que consta como he dicho, de imágenes (pictogramas), textos (tipografías) y colores (combinaciones cromáticas). En este sentido, y desde el punto de vista teórico, no hay diferencias en cuanto a los recursos expresivos de la gráfica fundamental.

Aquello que define la especificidad de la señalética es la escala, la *tridimensionalidad* del trabajo gráfico sobre soportes arquitectónicos, y la *función*, orientativa e identificadora en espacios de uso público y semipúblico. El lenguaje señalético se caracteriza por su riguroso "campo de libertad" en comparación con ese campo, más abierto, que se da en el diseño de portadas de libros y discos, anuncios publicitarios, *packaging*, marcas, *web sites*, etc., etc., donde se requiere la fantasía, la sorpresa y el impacto. El diseño señalético tiene así una semejanza esencial con la esquemática: diseño de gráficos, diagramas, organigramas, etc., donde toda ornamentación, fantasía o efecto decorativo es contrario a la naturaleza directa, clara y utilitaria de la información.[14]

[14] J. Costa, *La esquemática. Visualizar la información*, Paidós Ibérica, 1998.

A continuación veamos algunas observaciones básicas sobre los signos del lenguaje señalético.

La flecha

La flecha es un signo de la cultura universal. Es la expresión abstracta de la mano que señala con el índice alguna cosa que hay que ver o una dirección que hay que seguir. Es una orden. Pero también posee el simbolismo de la flecha que se lanza, que se dirige desde aquí certeramente a otro lugar: su destino. Lo cual implica rapidez, certidumbre y seguridad.

Esta doble significación (información y eficacia) se funde en la flecha señalética. Ella señala lo que hay que ver o hacer y la dirección a seguir para llegar directamente y sin error a donde nos hemos propuesto.

El origen de la flecha como arma es incierto. Para algunos proviene de la cultura de los pueblos cazadores. Para otros, de los pueblos guerreros. Los relojeros medievales la copiaron de las lanzas y alabardas y las utilizaron como indicadores, convirtiéndolas en las agujas o manecillas que señalan las horas. También en las veletas las flechas marcan la dirección de los vientos. A través de la brújula y la rosa de los vientos, la flecha de los navegantes se introdujo en la cartografía para indicar el sentido del curso de los ríos. Para Bachelard, "La imagen de la flecha reúne correctamente velocidad y rectitud". Realmente, la flecha es un signo dinámico que va directamente al punto de destino. Este es, precisamente, el significado inconsciente que adquiere como señal: impulsa a seguir. La flecha es un verdadero *universal* de nuestra cultura cotidiana.

Pictogramas

Los pictogramas son esquematizaciones de la forma de los seres, las cosas, los objetos. Son signos gráficos que tienen un parecido evidente con aquello que representan. Su variante, los ideogramas, son esquemas que indican ideas, significados o acciones, como "entrar", "salir", "no pasar", "información", "punto de encuentro", etc. Sin embargo, esta distinción semántica entre picto e ideogramas es irrelevante a efectos prácticos, ya que el público reconoce en todo caso la función informativa y no la razón gráfica. Por eso, el término pictograma es más general en nuestra cultura alfabética, amparada por una tradición histórica, ya que la escritura empezó con signos pictográficos hace más de 5.000 años, mientras las escrituras orientales, asiáticas, china, arábiga, etc., pasaron de ser jeroglifos a ser signos ideográficos -todavía en uso actualmente-.

La lógica de los pictogramas es la pregnancia y comprensión inmediata de sus significados.

En la misma medida que ellos recurren a la mayor esquematización y la mayor sencillez formal posible conservando lo más característico de una figura que debe *ser captada en fracciones de segundo y sin error*, los pictogramas más eficaces emplean las formas regulares de la geometría: círculo, rectángulo, triángulo. Son también las formas más "limpias" y las que más se prestan a la simplificación de lo accesorio, o a su supresión. Geometrizar es simplificar, destacando la expresividad de la estructura y eliminando los detalles innnecesarios.

Ello no impide, sin embargo, a quienes rechazan el exceso de geometría en los pictogramas, que lleven a cabo cualquier intento de búsqueda de otras soluciones gráficas. La libertad está ahí y la experimentación está para eso. Pero hay tres exigencias: *visibilidad, percepción rápida y clara*, y una ley que cumplir: *no admisión de errores* en la transmisión de significados. Para quienes buscan alternativas creativas a un código gráfico que ya es funcionalmente perfecto, les sugiero la prueba científico-pragmática: comparar cualquier versión innovadora con las más habituales y conocidas. El reto es superarlas en claridad y comprensibilidad. No despreciar la eficacia comunicativa en favor de unas formas que puede que sean más imaginativas, pero cuya misión no es innovar, sino *funcionar*.

En el diseño señalético, estas condiciones de "lenguaje" se centran especialmente en los pictogramas. Esto enlaza con la semiótica, la ciencia general de los signos que estudia la formación del significado en la mente; el significado es el resultado de la interpretación de los signos.

En este sentido, la semiótica observa tres dimensiones significantes, que son: la dimensión *semántica*, la dimensión *sintáctica* y la dimensión *pragmática*.

La *semiótica* es la ciencia *general* que estudia la formación del significado en la mente provocada por cualquier tipo de signo. Signo es todo lo que significa. Entonces, la semiótica define la dimensión semántica para designar el significado de los mensajes; la dimensión *sintáctica* por lo que afecta a las relaciones entre las señales; la dimensión pragmática por lo que concierne a la eficacia.

Así, la semiótica considera la pertinencia de la *forma* en relación con lo que quiere *significar*. Y plantea al diseñador las siguientes preguntas para el análisis de su trabajo partiendo de la dimensión semántica:

- El pictograma, ¿representa bien el sentido de lo que debe expresar?
- ¿Contiene elementos que no estén directamente relacionados con el mensaje?
- ¿Los públicos, comprenderán fácilmente y sin error el significado del pictograma?
- ¿Lo comprenderán fácilmente y rápidamente las personas de diferente origen y nivel cultural?

- ¿Llegarán a captarlo y comprenderlo las personas de edad avanzada, con menor agudeza visual y menos rapidez de reflejos?
- El pictograma en cuestión, ¿ha sido ya largamente difundido?

La dimensión *sintáctica* pone en juego las relaciones de los pictogramas que integran el sistema entre ellos mismos:

- ¿A qué se parece este pictograma? ¿Puede confundirse con otro?
- ¿Están sus elementos integrantes (morfemas) en relación los unos con los otros?
- ¿Implica el pictograma una correcta jerarquización de la percepción?
- ¿Los elementos más importantes son percibidos de modo inmediato?
- Los elementos básicos de los pictogramas, ¿pueden ser sistemáticamente aplicados a diferentes necesidades expresivas para formar otros pictogramas necesarios?
- ¿Están los pictogramas de la serie formalmente en relación estrecha unos con otros configurando una unidad estilística?

La dimensión *pragmática* relaciona el pictograma con sus usuarios:

- ¿Puede ser visto el pictograma con facilidad?
- ¿Es fácil de reproducir?
- ¿Puede ser ampliado o reducido de tamaño sin que por ello pierda legibilidad?
- La visión del pictograma, ¿está perturbada por malas condiciones de iluminación o por la presencia de los estímulos del entorno?
- ¿Resiste la visión oblícua sin deformarse?
- ¿Permanece legible a lo largo de la escala media de distancias de visión?

Siendo la señalética un lenguaje visual y exigiendo, además, ser visto y comprendido al instante, es preciso atenerse a la idea funcionalista de "menos es más". Esto significa que cuantos menos elementos se empleen para el diseño de pictogramas (pero también de tipografías y textos) será más fácil que éstos funcionen mejor. El ojo no tendrá que discriminar las formas esenciales de las que pueden ser accesorias, porque la forma ha sido depurada. La información señalética ha de evitar cualquier esfuerzo, tanto de visión y localización (visibilidad de las señales) y de percepción (claridad de los signos) como de comprensión de los pictogramas (su significado inequívoco).

El caso de los Transportes en EE.UU.

La mentalidad científica no ha entrado en el grafismo señalético sino hasta la década de los años cincuenta. Por primera vez en 1964, los grafistas japoneses diseñaron pictogramas propiamente dichos, esto es, signos icónicos que no precisan texto explicativo; el número de estos pictogramas fue ampliado con motivo de la Exposición Internacional de Osaka (1970) y para la Olimpiada de Invierno de Sapporo. Los diseñadores de la Expo 1967, de Montreal, de los Juegos Olímpicos de México y Grenoble (1968), y después la Olimpiada de Munich 1972, proyectaron pictogramas como partes integrantes de un vasto y complejo sistema de señales para la orientación pública.

Otras organizaciones locales, nacionales e internacionales han elaborado al mismo tiempo series de pictogramas con el fin de facilitar la orientación de los pasajeros y peatones en los transportes colectivos, en las grandes manifestaciones masivas y también en los dominios más reducidos de las instalaciones hospitalarias, las administraciones públicas, universidades, hostelería y asimismo en las escuelas de diseño como trabajo experimental. Todos estos esfuerzos han llevado a conferir a los pictogramas un carácter gráfico particular, lo cual los hace inadecuados para aplicarlos a necesidades más generales. Al mismo tiempo y como consecuencia de esta productividad, el arsenal pictográfico ha proliferado dando como resultado un gran número de diseños, notables en conjunto aunque discutibles desde los puntos de vista semántico y de la realización gráfica, pero que no ofrecen en cambio un sistema completo que pueda ser inmediatamente utilizable; ni tan solo es posible la agrupación de algunos de ellos en función de las necesidades de cada momento, a causa de su incoherencia estilística.

Todos estos problemas indujeron a la Oficina de mejoras del Departamento de Transportes de los Estados Unidos, a encargar al *American Institute of Graphic Arts (AIGA)* que desarrollara un programa señalético susceptible de ser aplicado al conjunto de las instalaciones vinculadas a los transportes en los EE.UU.. El proyecto se inició con el nombramiento de una comisión de cinco miembros muy experimentados y con grandes conocimientos en comunicación visual. Esta comisión se ocupó en primer lugar de compilar un inventario tan completo como fue posible de los pictogramas utilizados en diferentes países del mundo. Se trataría de analizar la eficacia de cada uno de ellos según los criterios personales de cada miembro, evaluarlos de acuerdo con una escala de tres niveles, de manera colectiva, y elaborar finalmente una serie de reflexiones que aportaran ideas claras para cada conjunto de pictogramas.

La primera etapa de trabajo consistió, pues, en clasificar las necesidades señaléticas en "áreas de comunicación de mensajes", las cuales fueron repartidas en cuatro categorías: *Servicios públicos* (teléfonos, puestos de socorro, medios de transporte); *Empresas concesionarias* (restaurantes, tiendas de regalos, alquiler de coches); *Operaciones administrativas* (compra de billetes, control de pasaportes, gestiones aduaneras); *Reglamentaciones* (autorizaciones, prohibiciones, regulación). Por otra parte se reunió un buen número de pictogramas que se obtuvieron a partir de 24 fuentes internacionales a las que había sido solicitada su colaboración -compañías aéreas, exposiciones, parkings, Juegos Olímpicos, transportes públicos, etc.-, con el fin de determinar la existencia o no de signos pertinentes en cada una de las áreas previstas.

Cada signo fue así examinado individualmente por los cinco miembros de la comisión y cada grupo de signos fue además ampliamente discutido por los expertos consultados. Estas decisiones fueron sometidas a un jurado que estudió el dictamen de los expertos y emitió su veredicto sobre acuerdos y desacuerdos en relación con las opiniones de los miembros de la comisión. *AIGA* retomó acto seguido las decisiones del jurado y revisó algunas de sus directivas. Por lo que respecta a los pictogramas ya existentes, fue admitido unánimemente que todos ellos exigían algunas modificaciones, ajustes y retoques para poder ser integrados en un sistema coherente. Otros pictogramas suscitaron ideas nuevas o aconsejaron correcciones sustanciales, lo cual significó un trabajo considerable.

Finalmente fueron elaboradas una serie de recomendaciones con el objeto de diseñar o rediseñar los pictogramas requeridos en un estilo uniforme. Estas instrucciones poseían la suficiente flexibilidad para poder resolver los problemas gráficos comunes sin sacrificar la coherencia del sistema. Una vez diseñados los 34 pictogramas en cuestión, éstos fueron puestos a prueba en los lugares de conmemoración del Bicentenario y en los medios de transporte de las grandes ciudades americanas, por ejemplo, en el aeropuerto Dulles de Washington y el aeropuerto internacional Logan de Boston. Después de esta experiencia se dio a los pictogramas su forma definitiva, y acto seguido el Departamento de Transportes los sometió a la aprobación del *American National Standards Institute* con el objeto de otorgarles el rango de norma americana. Y así se procedió a su implantación.

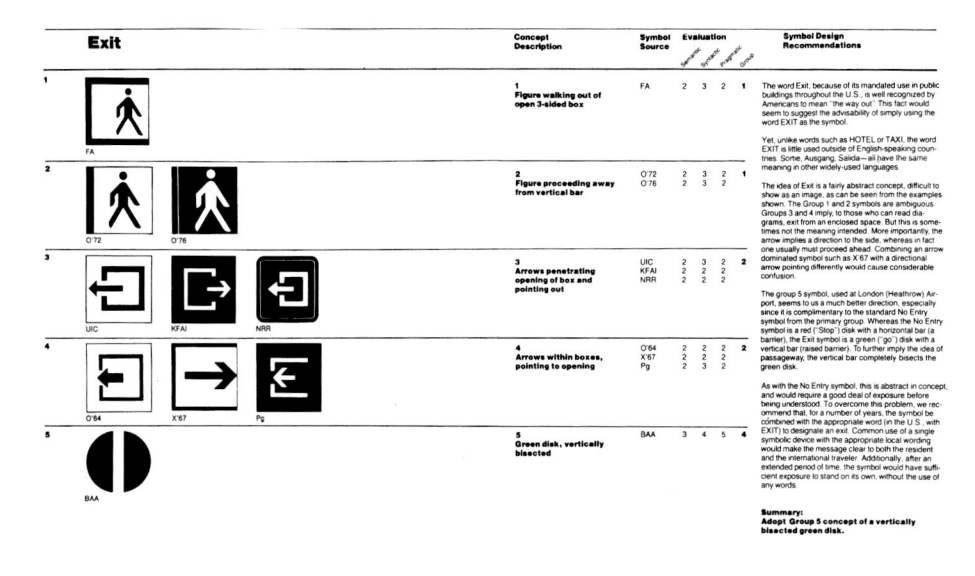

Nursery

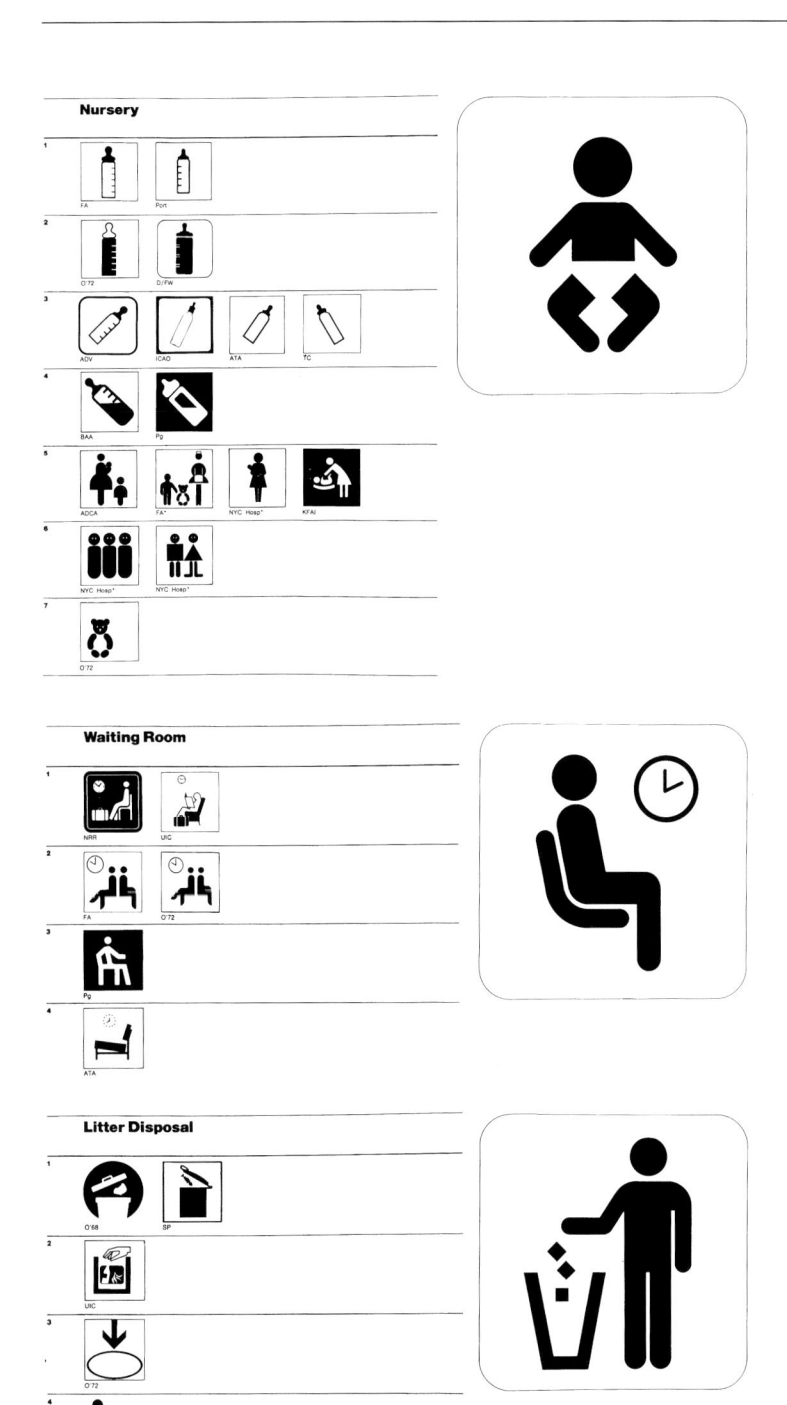

1. FA | Port
2. O'72 | D/FW
3. ADV | ICAO | ATA | TC
4. BAA | Pg
5. ADCA | FA* | NYC Hosp* | KFAI
6. NYC Hosp* | NYC Hosp*
7. O'72

Waiting Room

1. NRR | UIC
2. FA | O'72
3. Pg
4. ATA

Litter Disposal

1. O'68 | SP
2. UIC
3. O'72
4. Mr. Pitch-In

Señalética Corporativa

New Transportation Related Symbols

1 Public Services
2 Concessions
3 Processing Activities
4 Regulations

Transportation Related Symbols: Combined System

1 Public Services
2 Concessions
3 Processing Activities
4 Regulations

Señalética Corporativa

Tipografía

La ley es la misma para todas las formas del lenguaje señalético. Sencillez, claridad. Una "a" minúscula no se podrá confundir con una "o". Por eso no es recomendable el uso de la Futura en señalética, por ejemplo. Tampoco son aconsejables las egípcias, mejor las lineales o de palo seco: tienen menos grafemas. Y una forma es más sencilla y más pregnante cuantos menos grafemas tenga. La obertura del "ojo" de las letras es otro criterio a tener en cuenta. Por este motivo, las tipografías regulares son las mejores: rectas o redondas, mucho mejor que condensadas y expandidas.

En general, el uso de la escritura normal que utiliza la gente, es decir con caja alta y baja, es preferible a la escritura en mayúsculas, pues ésta tiene menor legibilidad. La razón es que las mayúsculas, pongamos las romanas, están inscritas en cuadrados, lo cual uniformiza su estructura y altura. En cambio, la caja alta y baja combina estructuras geométricas y tamaños diferentes. Y la diferencia entre la forma de las letras, o su "distintividad", deviene justamente de sus trazos distintivos: los que suben y bajan en relación con la pauta de la línea de escritura. Esto contribuye a

Univers
Antigua
Oliva
Frutiger
Optima
Univers
Antigua
Oliva
Frutiger
Optima

la legibilidad, porque las palabras escritas tienen su forma propia (grafía), con independencia de la forma de cada letra, y esa forma global sólo pertenece a esa palabra y a ninguna otra. Aquí también "el todo es más que la suma de las partes".

La grafía de la palabra escrita es particularmente caracterizada, como he dicho, por los trazos que sobresalen de la línea de escritura. En las mayúsculas, todas ellas se inscriben en el límite de la altura de la línea de escritura. Con la caja alta y baja, las partes salientes facilitan en gran medida la legibilidad. Las que trascienden la línea por arriba son las mayúsculas, las letras acentuadas y las b, d, h, i, k, l, ñ, t. Las que trascienden por abajo son g, j, p, q, y. Las que lo hacen por arriba y por abajo, son la f (en algunas fuentes) y la j.

Para escribir una o dos palabras cortas pueden servir las mayúsculas, pero para las designaciones largas o que están formadas por varias palabras, las mayúsculas son poco legibles. Este problema se complica en los casos en que se deben emplear dos o más lenguas, ya que el número total de letras/palabras/líneas entonces se multiplica. Y la visión rechaza el exceso de uniformidad (todo en mayúsculas) y también el exceso de signos.

Color

En señalética, el uso del color presenta diferentes posibilidades dependiendo en general de la amplitud del formato de las señales, de la cantidad de las mismas y del dinamismo del lugar. Donde existe mayor movilidad y flujos de gente, como en un gran aeropuerto internacional o un megastore, conviene que los colores sean muy contrastados porque eso facilita su percepción.

En otros lugares más apacibles, como un centro médico o un museo, donde no hay tensiones ni prisas y el ambiente es más relajado, un exceso de contrastes puede resultar demasiado estridente. Aquí se admiten los colores matizados, a veces mejor que los básicos.

Pero todo depende de demasiados factores para poder establecer criterios invariables. Cuando haya dudas sobre los condicionantes señaléticos será útil consultar el esquema de la página 107. Y no olvidemos estos otros aspectos importantes, como la *imagen*, vinculada a la actividad, el *estilo de la casa* y la *identidad visual corporativa*.

En señalética, el color ofrece más grados de libertad que las tipografías y los pictogramas. Los colores tienen más relaciones e interacciones inmediatas con el entorno que las formas gráficas. Esto es debido a la instantaneidad perceptiva de los colores (pura señal óptica) y a su naturaleza connotativa (su valor abstracto y estético), que contrasta con la función denotativa de los pictogramas y los textos señaléticos. El color no requiere ser decodificado porque es sensación luminosa: no hay que reconocer formas.

La señalética como sistema

En tanto que sistema de comunicación, la señalética tiene en cuenta la relación de los individuos con el espacio arquitectónico. Son estas relaciones entre individuos, espacios y mensajes lo que hace de la señalética un *sistema*. Que no es sino un sistema de relaciones.

En primer lugar tenemos un entorno construido, como un aeropuerto, o delimitado, al aire libre, como un complejo deportivo. Los entornos poseen cuatro clases de condiciones:

- una condición *espacial* cuantitativa (ocupa un determinado espacio que lo limita)

- una condición *morfológica* (forma, volúmenes, pasillos, plantas, escaleras)

- una condición *estilística* más o menos marcada en la arquitectura (época, predominio de rectas o de curvas, etc.)

- y una condición de *servicio* (los servicios funcionales de un aeropuerto, los servicios distractivos y culturales de un parque temático) y los itinerarios que la utilización de dichos servicios conlleva.

Por lo que se refiere al espacio ocupado, generalmente los espacios más reducidos ofrecen menos problemas que los grandes. Hay en general una correlación entre grandes espacios y mayor complejidad estructural: varios niveles o plantas, ascensores, escaleras mecánicas, recorridos más extensos. Y lo mismo puede decirse de los servicios que en estos lugares se prestan. A más cantidad y diversidad de servicios, generalmente corresponden más recorridos, más desplazamientos, más gestiones encadenadas.

Esto nos da una *dimensión estructural* (arquitectónica, morfológica) y una *dimensión funcional* (organización de los servicios, trámites, gestiones, desplazamientos). Son dos dimensiones sustancialmente diferentes, pero interrelacionadas e interdependientes. Aquí podemos situar el inicio de la idea de "sistema". Porque el proyecto señalético se inscribe en estas dos dimensiones (estructural y funcional) que los usuarios tendrán que afrontar. Y a lo cual se superpone otro aspecto decisivo: la *dimensión informacional*, la de las señales y los signos señaléticos puntuando, balizando los recorridos y acompañando a los individuos.

Así pues, la información señalética debe sustentarse, de entrada, en el principio *gestáltico* de la teoría psicológica de la percepción: "Toda forma existe y es percibida por relación con su fondo". No hay forma sino sobre un fondo y esta verdad se funda en la "ley de contraste". Para que las señales sean visibles deben diferenciarse suficientemente del contexto. Y para que la información que contienen sea visible y legible, ésta debe destacar sobre su trasfondo: el espacio gráfico de la "señal" que la soporta.

Por consiguiente, la visibilidad de las señales depende de su entorno y de la cantidad de estímulos visuales que conviven en él. El contraste entre las señales y el entorno será sin duda menor en un centro hospitalario (ambiente limpio, relajante y silencioso) que en un centro comercial, atiborrado de estímulos que compiten entre sí por capturar la atención. Por tanto, el diseñador deberá considerar en cada caso cuál es el grado de contraste adecuado de las señales por relación a su entorno. Lo que sería estridente en un hospital resultaría difícilmente perceptible en un centro comercial como El Corte Inglés.

Así es como empiezan a articularse las piezas del "sistema individuos-espacios-mensajes". Pero si el "silencio" o el "ruído" visuales del entorno es contínuo, la información señalética es discontínua. Hay distancias entre señales, interrupciones, incluso cambios ambientales: aquí hay más densidad de cosas, allá menos intensidad de luz, más allá menos movimiento de personas. Para hacer de la función señalética un *discurso* (el de la información, orientación y guía) es indispensable establecer en todo el recorrido de señales el factor *continuidad*, de tal modo que la percepción relacione perfectamente unas señales con las otras, y todas entre sí. Es la idea de *autocorrelación* de las señales.

Una metáfora muy sencilla ilustrará esta idea de persistencia. Supongamos un libro donde la tipografía (carácter, cuerpo, interlineado, etc.) cambiara en cada página, y donde el texto empieza unas veces arriba, otras más abajo, después a mitad de página, luego otra vez arriba. Lo más probable será que acabemos mareados y cerremos el libro de una vez. La coherencia, la consistencia del proyecto señalético, es la elección de una altura constante para la fijación de las señales en el espacio que recomponga la idea de una *pauta de lectura*. Son principios que deben respetarse para que la información sea estable y funcione con eficacia sin fatigar la atención del usuario.

Ya estamos viendo que "sistema" es por definición un conjunto de elementos diversos que interactúan recíprocamente dentro de un modelo, *pattern* o estructura, con un determinado fin. Entonces, no basta que las señales sean perfectamente diseñadas si no se integran adecuadamente en el entorno, y si los demás elementos del conjunto, como la iluminación o la organización de los servicios, son deficientes.

El proyecto señalético y su contexto

Lo que hemos ido comentando hasta aquí no alcanza de todos modos, ni mucho menos, a dar idea del número de factores que intervienen en el sistema, y es complejo explicar cómo unos elementos se interrelacionan con los otros formando un tejido de condicionantes, que deben ser forzosamente tenidos en cuenta.

Para mostrar ese tejido de condicionantes, en el esquema adjunto he sintetizado la estructura de relaciones que vincula los elementos del sistema (señaléticos, arquitectónicos y ambientales) determinándose unos y otros, y afectándose recíprocamente. Veámoslo.

Factores interactivos y complejidad del diseño señalético

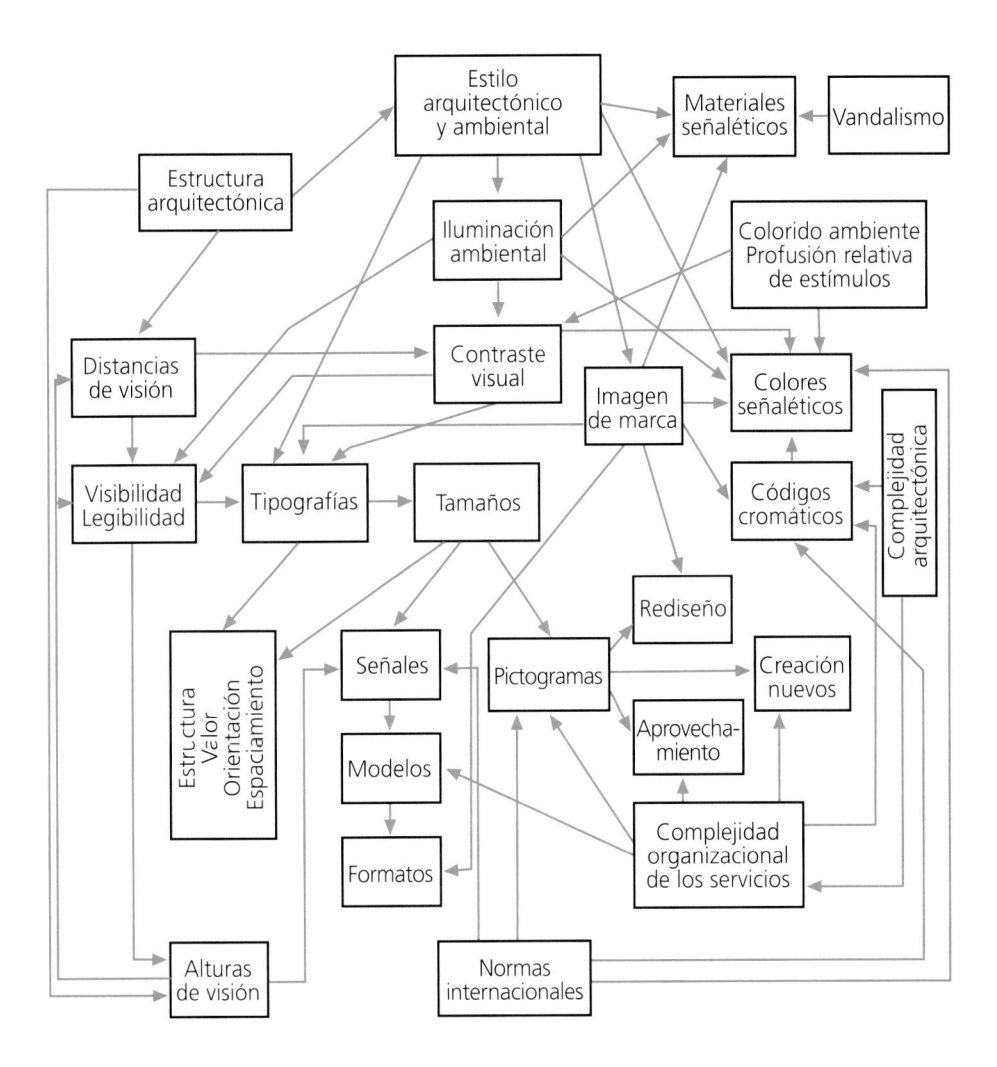

Los condicionantes que un programa señalético conlleva son muchos y muy diferentes. Todos ellos constituyen un tejido de interacciones que la disciplina señalética trata de dominar por medio del análisis crítico de cada componente de este tejido y de sus relaciones con los demás componentes y, sobre todo, con el individuo usuario de la información.

1. Las *dimensiones* del espacio y la *estructura* arquitectónica o morfológica, implican a su vez, el *estilo* y el *ambiente*: no son cosas separadas. Y esta primera condición, que se da en el marco estructural y ambiental, incide en gran manera en la concepción *funcional* y *estilística* del proyecto señalético.

2. Lo anterior determina, entre otras cosas que iremos viendo, la elección de los *caracteres* tipográficos, el diseño de los *pictogramas*, los códigos de *colores*, los *formatos* de las señales, e incluso el tipo de *materiales* para su construcción. Éstos a su vez tendrán en cuenta la resistencia a los actos vandálicos que en ciertos lugares se prodigan con más frecuencia (pasillos del metro, por ejemplo) con graffitis, agresiones, etcétera.

3. La *amplitud* relativa del espacio, su carácter *diáfano* o *denso*, las *alturas* de los techos, la abundancia de corredores y pasillos, determina asimismo unas *distancias de visión* y unas condiciones perceptivas que varían de un lugar a otro del espacio de modo contrastado. Todo lo cual incide en las *dimensiones* de las señales y los *tamaños* de los signos.

4. A su vez, las facilidades de visión aumentan o disminuyen dependiendo del grado de *iluminación* del lugar. Lo que incide en la *visibilidad* de las señales y viene asimismo determinado por su *ubicación*, la cual a su vez está supeditada a la estructura morfológica del espacio: alturas, distancias, etcétera.

5. La *densidad* de estímulos del entorno en grandes construcciones complejas puede ser importante hasta el punto de determinar el *grado de contraste* necesario para la buena visibilidad y localización de las señales; lo que también es recíprocamente afectado por la intensidad del alumbrado.

6. El tamaño o los *formatos* de las señales y el tamaño de los caracteres y de los pictogramas está en correlación con el ambiente, más o menos denso; con las distancias de visión en grandes espacios; y con el estilo global que se quiere dar al proyecto.

7. Y los *contenidos* de las señales, los textos, pictogramas, flechas y colores, tendrán en cuenta también las *normas* internacionales.

He aquí, pues, cómo los elementos arquitectónicos, ambientales y señaléticos se intercondicionan unos con otros formando una red sistémica.

La complejidad funcional para el uso de estos lugares viene dada a menudo por la complejidad estructural de la arquitectura (si ésta es compleja, incide en la ubicación de los puntos de servicios), y también por el tipo de negocio o *servicio* que se presta, así como el grado de burocracia de la organización. En un aeropuerto hay un número de servicios, de tipos de servicio y de trámites a realizar infinitamente mayor que en un museo. Y, además, con una densidad de gente, movimiento y ruido (es decir, de dispersión o de concentración) incomparable entre ambos lugares.

También puede ocurrir que el tipo de servicios, cuando tienen un carácter administrativo, requieran que la información sea básicamente textual, redaccional a base de enunciados designativos. En otros casos, en cambio, la información debe ser de predominio visual: un parque infantil, por ejemplo.

Todo aquello que afecta a las señales y la información: tamaños, variedad de formatos, distancias de visión, visibilidad, iluminación, ambiente más o menos denso, etcétera, incide en los elementos señaléticos básicos de la comunicación gráfica, pero también está sujeto a la "imagen" del lugar, del negocio o de la actividad. Un banco, un hipermercado, una administración pública, una guardería infantil o un centro médico son arquetipos que poseen cada uno su propia imagen estereotipada en la memoria social. Este es un primer nivel de significación del lugar. Al mismo tiempo, esa imagen está también más o menos relacionada con el estilo arquitectónico, o la ausencia de estilo.

Una "imagen de marca" es, de entrada, imagen de una actividad sectorial (banca, distribución, hospital, etc.). Y ella misma identifica ese lugar precisamente por esa actividad que allí se desarrolla. Pero ésta es una identidad *genérica*, sin valor distintivo y competitivo de por sí. Entonces, otro elemento singular que se superpone al anterior, y que cada día se impone con más fuerza, es el de la personalidad particular de la empresa por medio de su sistema de *identidad corporativa*. Que en el ámbito de lo gráfico son los logotipos, los símbolos, las tipografías, los colores distintivos, lo que ya hemos comentado en su lugar.

¿Qué sucede si diseñamos un perfecto sistema señalético, un programa impecable para un inmueble determinado; si hemos tenido en cuenta todos los aspectos técnicos que intervienen y hemos comentado aquí; pero el programa no ha sido inyectado con la identidad visual corporativa de la empresa? Sencillamente, habrán sucedido dos cosas. Primero, que la funcionalidad de este programa lo hará perfectamente intercambiable a cualquier otro lugar y para cualquier actividad, y entonces habremos hecho un trabajo *neutro, inespecífico*. Y segundo, que la empresa habrá perdido la posibilidad de impregnar el ambiente con su *style house*, su personalidad propia, su identidad corporativa. Descuidar este valor diferenciador valioso, que se vincula a la calidad del servicio y a la competitividad, es literalmente una pérdida. Inyectar la identidad corporativa al sistema señalético es un mensaje que se transmite sin coste adicional.

Metodología para el diseño señalético

Cada proyecto señalético es diferente. No hay dos iguales. Las variables son múltiples, y el esquema de la página 107 nos da una idea de ello. Como hemos visto, dichas variables se encuadran en tres grandes ámbitos de actividades. Éstas se encuentran vinculadas a la Arquitectura (volumen, morfología, estilo, complejidad estructural del lugar), Servicio (objetivos, logística, distribución en el espacio, complejidad funcional) y Diseño gráfico (información, orientación visual, identidad, servicio: simplicidad de uso). Todo el conjunto de elementos que se incluyen en estos tres ámbitos los hace interdependientes y así constituyen un sistema integrado.

En la práctica, el proyecto señalético -como todo proyecto que está en trance de ser realizado- es un *proceso*. Y como tal, implica un modo de proceder que busca la perfecta articulación entre sus diversas partes y el modo más eficaz y dinámico de organización del conjunto. Lo que hemos desarrollado hasta aquí ha puesto de relieve bien a las claras las características del entorno, la diversidad de los condicionantes y de sus relaciones, la complejidad del proyecto señalético. De ahí vamos a partir ahora.

Visto desde la perspectiva del diseño gráfico, el proceso es claramente distinto cuando se trata, por ejemplo, de diseñar un cartel, una marca, un embalaje, un folleto o una *web site* o un programa señalético. Éste posee unas implicaciones específicas que lo hacen diferente de otras clases de mensajes. Estas implicaciones provienen en primer lugar de la *escala*, pues un proyecto señalético supone un cambio notable de escala si se compara con cualquier ejemplo de los que acabo de citar. "Escala" significa, al mismo tiempo, magnitud y complejidad.

En segundo lugar hay que considerar las *dimensiones*, pues la señalética no se enmarca en las dos dimensiones del cara a cara con el plano (cartel, marca, folleto, *web site*) o con las seis caras o superficies de un tetrabrik; éste, además es un objeto para las manos, un volumen tridimensional que tiene que ser manipulado. Los ejemplos anteriores en cambio son productos exclusivamente para los ojos, como la señalética.[15] Las dimensiones del proyecto señalético implican las del entorno arquitectónico: el espacio, el volumen, las distancias, los itinerarios, la complejidad de los servicios y los individuos en movimiento.

En tercer lugar, junto a la escala y dimensiones del proyecto señalético, hay que incluir el hecho *situacional*. La situación del individuo en el espacio de acciones es dinámica, hay secuencias de movimientos en el lugar, desplazamientos y recorridos. Un cartel, una marca, un folleto, un embalaje o una *web site*, son vistos en situaciones radicalmente diferentes por parte de los individuos.

Finalmente, debe considerarse la *función*, es decir, la *intencionalidad comunicativa*, que en señalética es evidente y que difiere radicalmente de otras necesidades del usuario.

[15] J. Costa, *Diseñar para los ojos*, op. cit.

Estas cuatro circunstancias ligadas a la *percepción* de los mensajes que integran la información señalética, ya ponen en evidencia la necesidad de una metodología específica. El problema es que la literatura didáctica sobre señalética no abunda y, por otra parte, el diseño señalético es una práctica menos frecuente en general, comparada con el diseño de marcas, *webs*, folletos o embalajes. Todo lo cual hace oportuno que tratemos aquí de *metodología señalética*.

Sobre metodología

Todo método es simultáneamente un *procedimiento intelectual* (aspecto semántico, cognitivo, creativo) y un *procedimiento operacional* (aspecto técnico, pragmático, material...) con miras a la consecución de un resultado que se ha determinado de antemano con la mayor precisión.

Etimológicamente, un método es un camino hacia un objetivo, una *gestión eficaz*, una "guía del camino" o *guide-line*, como dicen los ingleses. Proyectar no es solamente concebir una idea, tomar una iniciativa, iniciar una acción hacia un fin. Es también escoger una vía entre otras posibles, escogerla juiciosamente, organizar los pasos y los tiempos, y seguirlos hasta llegar al objetivo con la mayor efectividad, sin olvidar nada, sin dar pasos en falso, sin desperdiciar tiempo ni energías.

Disponer de un método es disponer de criterios que permiten en cada etapa optar por el camino mejor, aquel que debe llevar lo más directamente posible al objetivo: la solución al problema. Algunos confunden un método con una receta, y entonces creen que un método es una especie de corsé que ahoga la creatividad. Hay que decir que esta interpretación es falsa. Una metodología o conjunto de métodos es un modo de razonamiento lógico para abordar y desarrollar un proyecto, con independencia del problema, de los datos y las variables propias de cada caso. Un método es un esquema pautado que tiene un sentido y un valor general. Y él no determina ni restringe en modo alguno la creatividad ni las soluciones, porque es independiente de éstas.

Dado que, como ya se ha dicho, cada caso es diferente y cada problema señalético posee un sinfín de variables, he optado por tomar como modelo para exponer el proceso metodológico lo que sería un "caso medio". Ni el de un inmenso aeropuerto internacional o un gran complejo deportivo, ni tampoco el de un comercio mediano o una sucursal bancaria de tamaño corriente.

Cómo proceder

El proceso se inicia obviamente con la toma de contacto y las primeras reuniones de trabajo con el cliente. Éste designará un responsable familiarizado con el problema a resolver, quien será el interlocutor durante el proceso con el equipo de diseño. Ambos trabajarán en coordinación y presentarán los proyectos a los órganos de decisión para las aprobaciones en las fases previstas. En algunos casos en que el local está en obras o es de reciente construcción interviene asimismo el arquitecto o aparejador quien formará parte del equipo de trabajo. Conviene que ese grupo de trabajo sea mínimo: una o dos personas responsables, y que las reuniones se resuelvan entre ellos y el equipo de diseño. Se gana tiempo y concreción.

En las primeras sesiones de trabajo se comentará ampliamente la documentación que el cliente entrega: pliego de condiciones, planos, etc., y el manual de normas de identidad visual corporativa. Asimismo se visitará previamente el lugar objeto del proyecto, se harán los recorridos pertinentes, las observaciones, toma de notas y de fotografías si es conveniente. Se marcarán sobre planos los recorridos, direcciones y puntos clave. En un momento dado del proceso, el cliente entregará al estudio de diseño el listado de las nomenclaturas. Es decir, los enunciados de las señales, que corresponden a las necesidades informativas para el usuario: características de la organización de los servicios y puntos clave del recorrido.

No hay que decir, por obvio, que las visitas sobre el terreno y las sesiones de trabajo allí serán tan frecuentes como sea necesario durante el proyecto. No siempre se puede precisar en un calendario de tiempos en qué momento se realizarán las reuniones *in situ*, aparte naturalmente de cuándo se efectuarán las presentaciones de las propuestas. Éstas sí deben ser programadas en el calendario de tiempos.

El proceso en 6 etapas

Información y digestión del problema

Etapa 1. Acopio de información.

Aunque ya he anticipado los criterios preparatorios del proyecto en esta primera etapa, se completarán las tareas con el trabajo a realizar ya en el estudio. La cuestión consiste en familiarizarse con la información recibida en las primeras sesiones con el cliente y con el conocimiento del lugar para el que hay que crear el programa señalético.

Después de esto ya tenemos una idea bastante clara del problema; hemos anotado los datos cuantitativos: rutas, cantidad de información que ha de traducirse en el número necesario de señales, sentido de los desplazamientos, puntos de información señalética y emplazamientos de señales, etc. Y también poseemos los datos cualitativos: complejidad funcional de los servicios, estilo arquitectónico, condiciones de iluminación ambiente, identidad corporativa, etc.

Ahora es el momento de disponer del listado de "nomenclaturas" por parte del cliente, o sea, los enunciados descriptivos completos de la información para cada señal. Si los enunciados son muy largos (demasiadas palabras) o algo imprecisos, el diseñador deberá proponer alternativas tendentes a la reducción posible de textos y simplificación de los enunciados, considerando para ello el rol informativo de los pictogramas que ayudan a comprender e incluso a sustituir las palabras. La tendencia sería *"ver" más que "leer"*.

Etapa 2. Concepción del sistema.

> La señalética como sistema global

Se habrá marcado sobre los planos las rutas, recorridos e itinerarios posibles y los obligados, de acuerdo con los requerimientos de la organización de los servicios, así como las prohibiciones, si las hay.

Este marcaje indicará los lugares en los que deben situarse señales, ya sean éstas de dirección, de guía, de aviso o anticipación, de identificación del servicio, de prohibición o de información general (directorios). Cada punto, situado en el plano que indica dónde debe ubicarse la señal, se marcará con una referencia alfanumérica y un código de color si es preciso, por áreas lógicas, o informaciones encadenadas en secuencias de actos, formando itinerarios.

En esta etapa se consultará el manual de identidad corporativa o el código gráfico del cliente con el fin de introducir en la estrategia de comunicación, los aspectos identitarios pertinentes.

Etapa 3. Sistema de señales o código de base.

> Sistema y código en el lenguaje señalético

Lo que llamo "sistema de señales" es la definición del repertorio de formatos y tipos de señales que serán requeridos en el proyecto. Por ejemplo, las alturas de los techos y los anchos de los pasillos pueden aconsejar las señales colgadas del techo (sobre todo si los pasillos son largos, como en el metro); pueden necesitar señales perpendiculares o en banderola, o bien señales verticales; o placas murales para la identificación; asimismo se verá si conviene un directorio general de servicios a la entrada y directorios parciales en plantas.

El sistema de señales debe tender al menor número posible de variantes o modelos constructivos. La excesiva diversidad de formatos hace más compleja la comprensión por el usuario y encarece los costes de fabricación. También ha de preverse las señales de una o dos caras, lo que depende del sentido de los trayectos. Y si las señales necesitarán iluminación interior, luz proyectada o, por el contrario, si la iluminación ambiente y el número discreto de estímulos del entorno que podría competir con las señales son adecuados y bien visibles.

Etapa 4. Diseño gráfico.

> Dar forma visual a la información

La fase de diseño sólo empieza cuando todos los cabos han sido bien tejidos y la comprensión del problema en todas sus partes se haya cumplido.

Partiendo del sistema de señales o código de base, que ha sido definido en la etapa anterior, se procede a la elección del "tono cromático general" del sistema, ya que el color es lo primero que la sensación óptica recibe. Por eso, el "tono cromático" del sistema es la parte esencial del código visual que establece el lazo de conexión entre todas las señales. Para decirlo con otras palabras, es el soporte óptico del discurso señalético. Basta con hacer una prueba en cualquier sitio: démos un vistazo rápido general y captaremos en seguida las señales por el color dominante que las unifica en el ambiente, antes de percibir los signos que contienen y los colores de éstos.

La elección del tono cromático general tiene que ver con cuatro ejes, y deberá buscarse la síntesis apropiada entre los cuatro. Éstos son: el "ambiente-estilo" del lugar; el tono general del mismo y la densidad de estímulos que compiten con las señales, así como la iluminación existente; la necesidad de "jerarquización cromática" de la información (primero el color general de las señales, luego la gama de colores de los signos); el "manual de identidad corporativa", cuya aplicación siempre dará preferencia a la eficacia comunicativa del sistema de diseño.

La tipografía y los pictogramas vienen a continuación. Obsérvese que hablamos de tipografía y no de "tipografías", ya que ésta será única para todo el programa. Las tres variantes tipográficas principales: tamaños de las letras, grosor del trazo e inclinaciones (recta-cursiva) son suficientes para que los textos sean bien modulados y jerarquizados, sin caer en el error de combinar familias de diferentes caracteres, lo que genera dispersión y confusiones.

En cuanto a los pictogramas es recomendable utilizar los modelos más habituales y, si es preciso, rediseñarlos con el fin de hacerlos, si cabe, más expresivos, y asegurar la unidad de estilo: dimensiones semántica y sintáctica indicadas por la semiótica.

La composición de las señales, o sea, los signos informativos sobre retícula será el último paso de esta etapa.

Importancia de la logística

Etapa 5. Fichas técnicas para la producción.

Esta parte del proyecto requiere el asesoramiento y colaboración del equipo técnico del fabricante que ha de realizar el proyecto, pues se trata de un trabajo orientado a la producción, e incluye el conocimiento preciso de los materiales más adecuados, sistemas de iluminación, de fijación, etcétera.

Cada señal será objeto de una "ficha técnica". En ella figurará la reproducción de la señal en cuestión; sus colores; sus medidas de alto, ancho y grueso. Se indicará el código correspondiente en el plano para identificar en qué lugar del espacio la señal será instalada, así como su posición y su altura del suelo. Debe anotarse asimismo si la señal tiene dos caras repetidas o diferentes, y si tiene luz interior.

Aparte se entregará al fabricante el código cromático y el alfabeto tipográfico, más el arte final de los pictogramas.

Se supone que nuestro cliente habrá contactado previamente con diferentes fabricantes seleccionados con el fin de que preparen sus propuestas de materiales, construcción y fijaciones, así como los presupuestos y plazos de entrega e instalación. En muchos casos el diseñador es consultado antes de adjudicar la fabricación, con el fin de intervenir en los aspectos técnicos, estéticos y funcionales. Otras veces es el diseñador quien recomienda determinados fabricantes a su cliente, cuando ha tenido experiencias positivas anteriores con ellos.

Etapa 6. Supervisión e implantación.

Es recomendable que el diseñador creador del proyecto supervise la fabricación. Primero, para la construcción de los prototipos, que serán ensayados *in situ*, en diferentes lugares del trayecto para asegurar su visibilidad a distancia y en visión oblícua, y su legibilidad. Segundo, la supervisión se centrará en la óptima reproducción de los elementos gráficos así como en el conjunto constructivo de las señales y su eventual iluminación.

La instalación y el Manual Señalético

En la implantación de las señales, el diseñador deberá cuidar la mayor eficacia. Corregir, si hace falta, aspectos de emplazamientos, alturas o cualquier detalle que pueda contribuir a mejorar la eficacia del sistema.

Paralelamente a esta última etapa se realizará el Manual de Señalética, si así se acordó con el cliente. Este trabajo queda para el final por dos razones. Primero, porque se realiza cuando el sistema, la producción y la instalación han demostrado su funcionalidad. Segundo, porque será útil disponer del manual en los casos en que el cliente prevé aplicar el sistema señalético en otras dependencias, como sucursales bancarias, cadenas de alimentación, franquicias, etc. Es obvio que si esta necesidad no existe, sería injustificado crear un manual de normas después de que el trabajo ya está terminado y no se va a duplicar.

De todos modos, el hecho de reunir y conservar el material gráfico y los datos técnicos utilizados en el curso del proyecto, ya constituye en sí mismo una "memoria de trabajo", aunque tampoco tendría demasiada lógica conservarla si no hubiera que utilizarla a posteriori. La practicidad es buena consejera.

Señalética Corporativa

Desarrollo ↑

6 *Supervisión e implantación.*
La instalación y el Manual Señalético

5 *Fichas técnicas para la producción.*
Importancia de la logística

4 *Diseño gráfico.*
Dar forma visual a la información

3 *Sistema de señales o código de base.*
Sistema y código en el lenguaje señalético

2 *Concepción del sistema.*
La señalética como sistema global

1 *Acopio de información.*
Información y digestión del problema

→ **Tiempo**

Señalética e identidad: una fusión

La señalética interna emerge en el ámbito comercial y de servicios. Y se extiende al ámbito institucional. Antes de acceder a estos ámbitos internos, se encuentra la *señalación* exterior que identifica esos lugares donde se compra, se vende y se gestiona. La señalación comercial exterior ejerce la doble función: identitaria y publicitaria. Este hecho comercial-publicitario, y el de funcionar en la vía pública, relaciona las tres dimensiones de la arquitectura que hemos citado: entorno urbano, contorno arquitectónico, dintorno de servicios.

La señalación exterior ejerce una función distintiva, identitaria y publicitaria de las sedes centrales de empresas y se proyecta en sus extensiones: las sucursales, delegaciones y puntos de venta. La señalética corporativa lleva al interior de esos lugares la orientación que facilita la compra del bien o del servicio. Ella misma es un servicio, que se acompaña, lógicamente, de los signos de la identidad corporativa que distinguen a la empresa que los ofrece. Por todo este conjunto de complementariedades, la señalética corporativa es la coordinación inextricable de la identidad, la señalación exterior y la señalética interior ligada al servicio. Un todo completo y eficaz.

La lógica de la complementariedad, de la continuidad perceptiva y funcional de ambas caras de una misma moneda tenía que llevar a una fusión de estas tres disciplinas en una estrategia de comunicación integrada y bien visible. Y más constante y eficiente para la imagen de empresas e instituciones.

En el marco natural, que es el paisaje urbano, espacio de acción y escenario de encuentros, la arquitectura corporativa es el *envolvente* y el *contenido*, al mismo tiempo, de la *Identidad*, la *Cultura* de la organización y la *Calidad* de sus bienes y servicios.

Si esta señalación exterior implica una presencia pública constante de la firma y una afirmación de su identidad distintiva, la señalética interior es el servicio de información y guía para los visitantes y clientes.

La señalética corporativa actúa en la escala más decisiva, del negocio: la de las relaciones de los individuos con la empresa, es decir, sus relaciones directas con los clientes, el mercado y la sociedad. Ésta es la escala de la *calidad* y la *satisfacción*, y de la *experiencia emocional*. He aquí los grandes soportes de la imagen corporativa.

5 Identidad y señalética corporativa

C.40

GAZ COMPRIM

La era del marketing y la comunicación

Las evoluciones del contexto socioeconómico vinculado a la producción y al consumo -y en consecuencia, a la publicidad-, llevaron los imperativos comerciales a encontrar también sus técnicas. Por encima de ellas se había situado una nueva lógica que opera con los ojos puestos en el destinatario, el producto y su mercado: *marketing*. Esta disciplina vino a dar sentido a la acción comercial y publicitaria, como lo daría a los demás elementos que intervienen en esa cadena que va de la producción a la gestión comercial, la distribución, la venta y el consumo. Todos ellos tienen su lógica y su función en ese nuevo vector.

Si la publicidad de principios del siglo XX buscaba "dominar la conducta del consumidor", el *marketing* adopta una visión que abarca los mecanismos del mercado y sitúa al consumidor en función del producto en el centro de la diana. Trata así de operar sobre el conjunto diverso de los elementos implicados en el proceso que va de la producción al consumo, y establece un puente entre lo que el consumidor puede necesitar, o desear, y el producto o el servicio y su marca que se le propone como satisfactor de estas necesidades y deseos... que la publicidad tratará de despertar o incluso crear.

La segmentación del mercado y las técnicas de investigación social, instrumentos del *marketing*, cada vez se hacen más necesarios. De hecho, estos instrumentos trabajan fundamentalmente para la toma de decisiones, y la publicidad es uno de los mecanismos básicos en la creación de necesidades y en la difusión de los productos. La segmentación y la investigación sociales, buscando el consumidor unidimensional acabarán encontrando más tarde al individuo multidimensional, que es el objeto de la sociología de la comunicación y de su estrategia.

Si el *marketing* está orientado al mercado, al producto y al consumidor, la comunicación señalética privilegia al individuo, a quien sirve. Para la comunicología, es el *destinatario* el que determina el mensaje, su lenguaje, sus códigos, su soporte, su simbología, del mismo modo que es el destinatario del producto el que determina sus condiciones. Con el "descubrimiento" de la comunicación, las empresas han tomado una nueva conciencia que despierta una nueva sensibilidad. Una sensibilidad

Obra del artista Peter Klasen.

que se inyectará definitivamente en el *management*, en las relaciones con sus públicos, en la conducta global de la propia organización en la era de los servicios y los valores intangibles.

Si en los orígenes de la ciencia de la comunicación, Jacob Lévi Moreno, uno de los padres fundadores de la psicología social, había sentado hacia 1920 los principios de la sociología de las relaciones humanas en el ámbito de las organizaciones, fue treinta años después, con la afluencia de los *mass media* y la informática, que irrumpió con toda su fuerza la *tecnología de las comunicaciones*. Una y otra -sociología y tecnología- son hoy las dos caras de una misma moneda.

El concepto de comunicación nace, en la génesis de los conceptos recientes, a partir del término más preciso y, al propio tiempo más técnico, de "información", índice numérico que caracteriza una actividad nueva en sí misma: la intensidad de intercambio entre los seres humanos, la complejidad de un colectivo constituido por una sociedad global repartida en el espacio y en el tiempo.

La ciencia de la comunicación ha contribuido grandemente al fin del behaviorismo y la psicología conductista de finales del siglo XIX, que fue adoptada por la publicidad. Del mismo modo, la ciencia de la comunicación ha anunciado el declive del poder mediático. Y, en el ámbito empresarial, ha despertado la conciencia del "factor humano", porque la comunicación es inherente al ser humano y nace con él en las relaciones con los demás. Y sólo ella podía coordinar, integrar el conjunto de actividades empresariales que hasta ahora aparecían como diferentes y dispersas, pero que todas ellas ejercen *funciones comunicativas*.

Cuando esto ha ocurrido, termina la historia de la publicidad que venía del industrialismo y caminaba hacia el posindustrialismo, en el que nos encontramos, para tomar otros rumbos supeditados todos ellos a la Comunicación como actitud y como actividad transversal, en la cual el *marketing*, la publicidad, las relaciones públicas, el diseño, etc., se engloban.

Hacia la comunicación corporativa

Con el triunfo de los *media* masivos; con su esplendor y su totalitarismo; con su poder indiscutido y con la influencia que ejercen sobre los individuos, la publicidad empieza a *saturar*, no ya los canales de transmisión técnicos, sino los canales de recepción humanos. La saturación crea en los individuos sus propios mecanismos de defensa y de rechazo. A más saturación más ruido y más bloqueo psicológico. Y menos rendimiento comunicacional. Y también menos credibilidad.

Mientras tanto nacen, o más exactamente se *redescubren*, otros recursos de comunicación, y se afirman más y más aquellos que ya existían. En este contexto hemos señalado el renacer y también el surgir de los micromedios selectivos que vienen a completar en unos casos a los medios masivos, pero en otros casos vienen a resolver determinados problemas que los medios masivos habituales no pueden resolver. Se requieren instrumentos específicos para públicos y objetivos específicos. Y, a mediados del siglo pasado, las ciencias y las tecnologías de comunicación, con los primeros ordenadores, transformarán radicalmente el pensamiento y la praxis de la gestión.

Dentro de las empresas y organizaciones se producen transformaciones forzadas de gran alcance que inducen a formalizar un nuevo concepto extraído de la antropología y que llamamos *cultura corporativa*. Es la clase de cultura que se genera dentro de la organización y que debe ser cultivada y conducida hacia fines comunes de estrategia empresarial. Esta nueva concepción formaliza y gestiona una cultura propia en el seno de la empresa y tiene su vehículo y su soporte en la intercomunicación, comunicación interpersonal que a su vez es el fluido que irriga todo el sistema nervioso de la empresa. Toda cultura es efecto de comunicación y sin comunicación no hay cultura. Ella es la clave de la irrupción de los servicios, que sitúan en primer plano las personas, los empleados cara a cara con los clientes.

La cultura corporativa no ha sido en modo alguno una invención, sino el efecto lógico de una necesidad. De hecho, esta necesidad tiene causas y componentes diversos que juntos forman un cuadro inédito, una trama de causas o una estructura que ya deja vislumbrar intuiciones de carácter estratégico. Veamos los grandes trazos que, interactuando unos con otros, dibujan el esquema de estas evoluciones socioeconómicas y tecnológicas que configuran el espíritu institucional actual y la concepción corporativa o global de las comunicaciones.

1. El industrialismo en la economía de producción masiva hizo proliferar la cantidad de los productos que compiten en el mercado.
2. Éstos devienen, en consecuencia, cada vez más y más iguales, y resultan equivalentes, alternativos, intercambiables y sustitutivos entre sí en una creciente indiferenciación.
3. El mercado se satura de productos en una oferta global, que crece indefinidamente en un entorno más y más competitivo.
4. La publicidad es omnipresente. Su saturación le resta credibilidad y eficacia. Aflora la ley del rendimiento decreciente de los economistas, según la cual el aumento de la inversión no logra aumentar la eficacia, sino que por el contrario, decrece.
5. Surgen otros medios y soportes alrededor de la esfera mediática. Micro medios selectivos que proliferan con la lógica de la microsegmentación de mercados. Por primera vez se imponen las nuevas tecnologías de la información y la interactividad en las comunicaciones, con la telemática, la robótica e Internet.
6. La competitividad se multiplica y se hace cada vez más agresiva. Las trabas legales inciden en unas prácticas de mercado desaforadas.
7. Crece en el público la conciencia crítica, el consumo selectivo y las exigencias de los consumidores. Las asociaciones de consumidores y usuarios alzan sus voces.

8. El declive del industrialismo a mediados del siglo pasado se equilibra con el ascenso imparable de la "nueva economía": la economía de la información en el marco de las telecomunicaciones.

9. La economía de producción cede definitivamente su puesto a la economía de la información, que tiende hacia una nueva sociedad del conocimiento.

10. La nueva economía sustituye los productos por los servicios, y los bienes materiales por los activos intangibles, los valores y la calidad generalizada.

11. La cultura de servicios transforma el pensamiento empresarial. Se redescubre el valor de las *relaciones*, de los *recursos humanos* y de la *calidad* en tanto que *experiencias vividas* por los clientes, y no simples promesas.

12. Se vuelve a la idea integradora, iniciada a principios del siglo XX por AEG, de la concepción global de las comunicaciones y los productos por una parte, y de la sociología de la organización por otra. Surge una nueva fusión que llamamos técnicamente "identidad corporativa" y busca ser percibida por los públicos como la "imagen global" de la empresa. Una imagen distintiva y prestigiada.

13. Las empresas, que antes se encontraban eclipsadas por sus propios productos, en el siglo XXI son forzadas a aparecer al primer plano de la responsabilidad: ante los consumidores, ante las leyes, ante los accionistas, ante la sociedad.

14. El cruce de las ideas más relevantes en esta transformación lleva a comprender el valor de la Identidad, "el ADN de las empresas". La Identidad es el germen de la Imagen pública, y por eso adquiere un valor estratégico fundamental.

15. La búsqueda de la Identidad, y su puesta en relieve, lleva a concebir la actividad de la empresa en términos de "misión" y emerge la *cultura corporativa* como una emanación de la singularidad de la empresa en un entorno cada día más competitivo.

Es oportuno aquí relacionar los puntos 9 al 15 para reconstruir el armazón en el que emerge la Identidad y la Señalética Corporativa como un medio de comunicación multifuncional.

Obsérvese que hoy, todo gira alrededor de la economía de la *información* (9) y la cultura de *servicio* (10) las cuales, con la *identidad corporativa*, constituyen el nuevo paradigma. Estos vectores fundamentales conllevan la revalorización de los recursos humanos y las relaciones humanas (RR HH), no sólo en el interior de las organizaciones, sino también aquellas relaciones que vinculan la exigencia de *calidad total*, es decir, aquella intrínseca a los productos/servicios, y también en las comunicaciones y en la prestación de los servicios (11) y, por tanto, en la satisfacción de los clientes.

El retorno a una concepción coherente, en la estrategia y en la gestión de las producciones y las comunicaciones de la empresa, y el resurgir de la sociología en su seno (12) encuentra en nuestra época su campo más propicio gracias a los masters y programas de formación avanzados que configuran una oferta diversa y de calidad. También debemos a las tecnologías de la información, sus aportes como instrumentos insustituibles que facilitan no sólo la gestión de los activos materiales sino también la gestión de la información y, muy especialmente, la *gestión del vínculo* con los públicos estratégicos, que es el núcleo de la fidelización.

La idea de integrar todas las comunicaciones de la empresa -que propuse y publiqué en 1977[16]- y la necesidad de éstas de hacerse más presentes en su inserción a la sociedad a la cual sirven, junto con la revalorización de antiguos modos de comunicar la Identidad (13), ha llevado a las empresas a recuperar la función de "señalación" de sus inmuebles -sede central, puntos de venta, franquicias, delegaciones, sucursales, etc.- unificando sus sistemas de *identidad visual corporativa* (14). Esta disciplina estratégica conseguirá para la empresa una sola Imagen y una sola Voz, y hará coherentes todas las manifestaciones y posesiones de la empresa, desde la arquitectura y los productos/servicios a la información. La empresa recupera así su faceta más genuinamente *institucional* o *corporativa* (15).

[16] J. Costa, *La imagen de empresa. Métodos de comunicación integral*, Ibérico-Europea, Madrid.

La presencia de su identidad en la vía pública, en el contexto urbano, e inserta en el tejido social, recubre aspectos muy específicos, puesto que asegura y coordina:

– la *presencia permanente* de la identidad corporativa en la vía pública

– la *calidad de su imagen* corporativa, gracias al diseño arquitectónico y gráfico, y a las nuevas tecnologías

– la *señalación* física de la empresa con el distintivo de su identidad exclusiva

– la *competitividad* de los propios emplazamientos estratégicos en las ciudades

– la *visualización absoluta* entre presencia pública asociada al servicio y al negocio

– el *control directo* por parte de la empresa sobre el conjunto de los elementos señaladores de los inmuebles, los puntos de venta, etc. (iluminación, estado material, posibilidad de intervenciones puntuales, etc.).

En el ámbito interno, la señalética corporativa incorpora:

– ambiente, lugar de encuentro, operación, gestión, relaciones

– *continuidad perfecta* entre imagen exterior e interior

– utilidad pública en términos de *información* y de *servicio* como "valores" esenciales

- *calidad* de los mismos reflejada en la calidad y coherencia de la información visual
- *asociación* entre calidad del servicio, marco ambiental y empresa
- *entorno envolvente* como lugar de la experiencia emocional (ver último capítulo).

Señalación y señalética en la arquitectura corporativa

Es en este plano, como se ha dicho a lo largo de los capítulos precedentes, donde confluyen la señalación y la señalética en la arquitectura corporativa. La primera, con sus funciones de atracción, distintivas o identitarias en la vía pública. La segunda, con sus funciones informativas y orientativas para el público en sus gestiones, consultas, compras, etc. Así que la señalética será considerada -completando la definición dada más arriba- como un sistema de señales en espacios construidos (interiores) y en espacios abiertos pero acotados. La señalética propiamente dicha, o sea, como *sistema* de *orientación*, no es una señalación puntual ni un reclamo atractivo en la vía pública, sino que los complementa en el plano efectivo. Su carácter de "servicio" (información y guía) define la especificidad de la señalética interna y, al mismo tiempo, su coherencia con la señalación exterior. Y es el refuerzo del "estilo de la casa", de su identidad singular y única.

El campo de acción de la señalética vincula la *identidad* y el *servicio*. La necesidad de informar y guiar al usuario está presente en toda clase de *servicios* (desde una institución, un museo, un parque temático, una estación de ferrocarril o un complejo deportivo). Tanto en los grandes edificios corporativos como en las redes de servicios, distribución, ocio, cultura, etcétera.

La señalación externa y la señalética interior se complementan. Y desarrollan tres clases de cometidos:

Atracción, información y guía. Es la continuidad de las relaciones de la empresa con sus públicos y la distintividad en el contexto urbano.

Logística. Sirve a la organización y la logística que exige la particular prestación de cada tipo de servicio (hospital, aeropuerto, banca, megastore, etc.). Y une la organización y su logística a la disposición del sistema señalético interno, que hace el lugar fácilmente comprensible y utilizable por sus usuarios.

Estilística. La identidad y el *house style* deben ser expresados por la señalética corporativa. En su aspecto externo, es el triunfo de la identidad visual, y en su aspecto interno, es la optimización del servicio vinculado a la calidad y a la imagen de la empresa.

El primer proyecto señalético del *Centre Pompidou*, 1974

En el mes de noviembre de 1974 se presentaban en el *Centre National d'Art et de Culture Georges-Pompidou*, París, el programa señalético creado por el grupo VDA (Visual Design Associates).

Un concepto complejo que jugaba la carta de la unidad en la diversidad, pues el *Centre Pompidou* no es un museo ni un centro cultural habitual. Este nuevo concepto dio nacimiento a un edificio que, en el espíritu de sus arquitectos Renzo Piano y Richard Rogers, debía ser un centro de información, espectáculo y cultura. Esta articulación de las ideas alrededor de la noción primera de información dio origen a un edificio original que fue considerado como una "máquina de comunicar", fluido, flexible, fácil de animar, lleno de posibilidades técnicas tanto en el interior como en el exterior, abajo y arriba.

Así, puntualmente, el inmenso escalator que cruza la fachada del Centro en la calle Saint-Martin es, al mismo tiempo, una técnica y un medio señalético. Un sistema de tubos de neón coloreados, cada uno con el color de una de las actividades del Centro, señaliza esas actividades. Al mismo tiempo informa a través de un sistema de paneles y pantallas video.

Era pues evidente que el Centro, concebido como un complejo global, se dotaría de un sistema señalético unitario, que agruparía según los mismos principios al conjunto de sus producciones visuales. Con el fin de definir y cuantificar la importancia de las necesidades del Centro en esta materia, un equipo de programación elaboró durante tres meses un preprograma, un pliego de intenciones acompañado de un inventario de los medios a utilizar. Apareció así claramente que la complejidad del edificio, tanto a nivel de arquitectura, equipamientos y funcionamiento, como por la multiplicidad de actividades que en él se desarrollan, necesitaba un cuadro riguroso de planeación señalética, que se establecía así:

Objetivos generales

- Suscitar las frecuentaciones al Centro en su exterior
- Dirigir un público eventual hacia el edificio
- Informar al público sobre las actividades del Centro
- Permitir una buena localización, marcación y señalación en el interior del Centro
- Evitar los accidentes tanto en lo que concierne a las personas como a los objetos.

Estas funciones se resumen en: promoción, orientación, información, identificación, seguridad.

Objetivos específicos

Espacios de acogida y de información, de circulación; de manifestaciones; de exposiciones; de almacenaje; de consultas; de estacionamiento; de gestión administrativa.

Esta definición del programa subrayaba esencialmente dos grandes series de problemas. De entrada, ¿cómo guiar el público hacia el Centro? Y a continuación, ¿cómo los mensajes difundidos por el Centro serán vehiculados y percibidos, y cómo la imagen del Centro que será irradiada por todos estos mensajes se impondrá en la mente de aquellos que, de una manera próxima o lejana, tendrán que conocer esa imagen?

La consulta

Este preprograma se acompañaba de anexos que desarrollaban en detalle y con minucia los principales puntos relativos a la señalética. La dirección del Centro organizó una "consulta" por invitación, destinada a seleccionar el equipo que se encargaría de crear el conjunto del programa señalético. Fueron invitados 23 especialistas internacionales[17], a quienes se comunicó la información sobre el preprograma así como todos los datos concernientes a la arquitectura, el funcionamiento y los fines del edificio. A ellos se les pidió no un proyecto preciso, sino la lista de referencias de los especialistas que componen cada equipo, y un documento donde se expusiera de qué manera el "consultado" estimaba, en un primer análisis, abordar, tratar y solucionar los principales problemas planteados por la señalética del Centro. En anexo debía constar la descripción del personal necesario, el nivel de remuneración por tipo de personal, la intervención eventual de subcontratados así como las posibilidades materiales y el coste eventual de la instalación.

La propuesta debía inscribirse en una cobertura financiera previsional de un millón de francos (repartidos aproximadamente en 400.000 francos reservados al estudio y 600.000 a la realización). Los equipos constituidos enviaron listas de miembros y referencias, pero pocas propuestas.

La comisión constituida al efecto decidió confiar la realización del programa señalético del Centro al equipo VDA, considerando que el análisis

[17] Listado de "consultados" por orden alfabético:

Otl Aicher	André François	Michel Olyff
Leen Averink	Adrian Frutiger	Pentagram
Théo Ballmer	Geismar	Marc Piel-Enfi
Roman Cieslewicz	FHK Henrion	U. B. Productions
Chermaryeff	E. y U. Hiestand	Massimo Vignelli
Wim Crouwell	Mafia	Jean Widmer
Delpire-Lubalin	Bob Noorda	Lance Wyman
Pierre Facheux	Wolf Olins	

Es de señalar que ciertos "consultados" declinaron la invitación y otros se asociaron para el caso. Así Delpire-Lubalin y André François; Jean Averink y Adrian Frutiger; y E. y U. Hiestand y Jean Widmer que constituyeron VDA, ganador de la consulta.

1-3 Primeros conceptos de identidad de marca para el Centro.
2   Proyecto de señalética exterior.

Señalética Corporativa

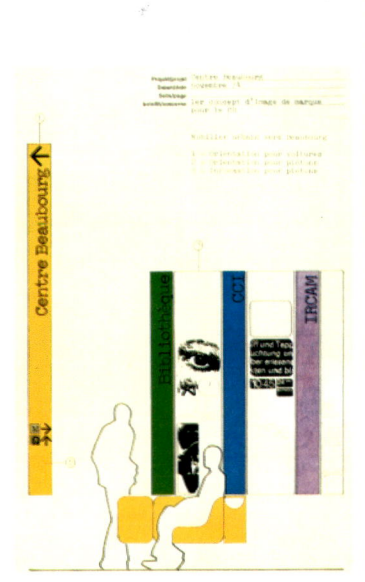

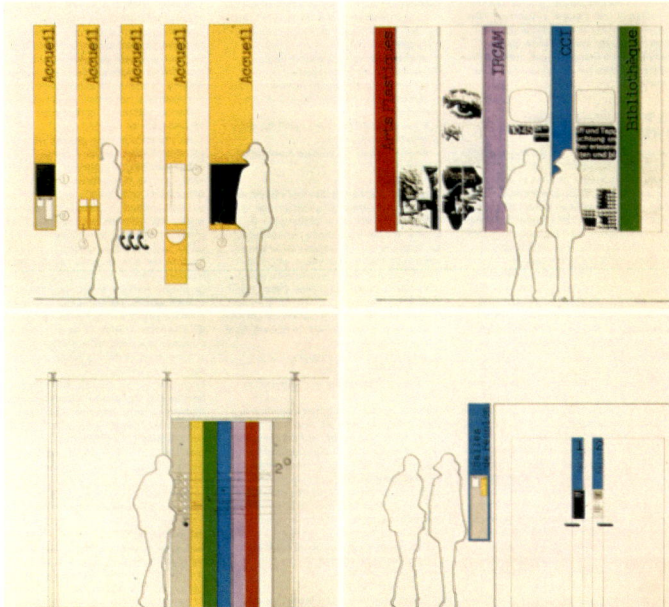

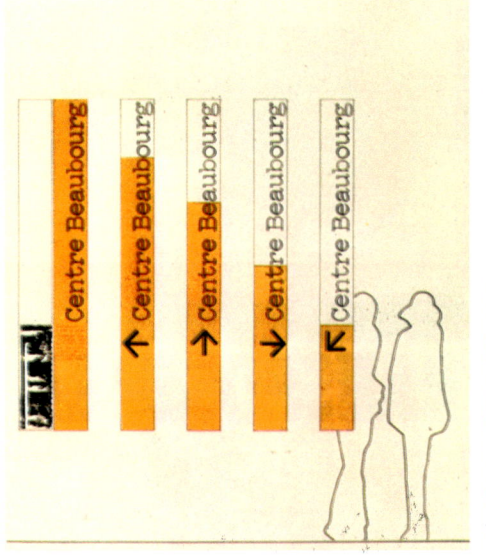

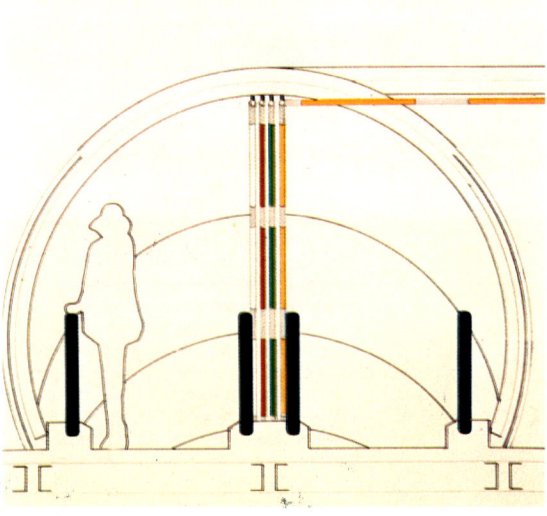

4 Mobiliario urbano hacia el Centro:
a) orientación para coches
b) orientación para peatones
c) Información
5 Ventajas suplementarias de las superficies de información utilizables.
6 Batería de informaciones generales.
7 Orientación cerca de ascensores.
8 Identificación de boxes y puertas.
9 Orientación a distancia alrededor del Centro.
10 Escalator con guías luminosas.

y las propuestas ofrecidas por este equipo cubrían bien el conjunto de necesidades en materia de comunicaciones visuales.

El equipo VDA comprendió inmediatamente que los diversos sectores del problema global planteado por el Centro acusaban tantas interconexiones que no se podrían resolver con los medios tradicionales de la gráfica habitual. Se trataba, pues, para este equipo, de determinar sobre todo los campos de acción de los entornos visuales e invisibles que respondan en la medida de lo posible a la necesidad de contacto social y comunicación del público asistente al Centro. El equipo concretó su objetivo global por la idea de "gestión integrada del entorno", noción considerada como determinante en la sociedad y en política. Esto equivale afirmar que los sistemas señaléticos sólo tienen sentido si estimulan y optimizan la interacción social.

El concepto del proyecto remitido por VDA se puede descomponer esquemáticamente en tres grandes sectores funcionales.

Primero, el sector funcional *Orientación*, que recubre las condiciones generales siguientes: perceptibilidad, carácter expresivo y distintivo, comprehensibilidad, inteligibilidad internacional, discernibilidad, valor estético, movilidad del sistema de orientación, economía y seguridad del servicio.

Segundo, el sector funcional *Información*, que implica la información completa sobre la estructura, los fines y la filosofía del Centro, sobre sus instituciones permanentes o temporales. La transparencia de la construcción y del complejo global del Centro es una condición primera esencial para que cada quien pueda identificarse con él.

Finalmente, el sector funcional *Interacción social* engloba las medidas para aumentar la intensidad del acontecimiento vivido, animar la utilización, la acción autónoma y en fin, suprimir los prejuicios e inhibiciones. La sociabilidad en el Centro debía ser favorecida por los mismos individuos y el grupo, por el grupo y la sociedad.

El actual proyecto señalético del *Centre Pompidou*, 2000

Un cuarto de siglo después del primer programa señalético del *Centre, que acabamos de comentar,* éste fue sustituido por uno nuevo, el actualmente en funcionamiento.

El librito que con este motivo fue editado -y profusamente vendido en la librería del Centro- sintetiza las densas tareas del nuevo proyecto y sus puntos principales en un texto telegráfico y una presentación ampliamente visual, bien diferente de la concepción de 1974.

Esbozos, proyectos en diversas etapas, extractos de la "carta gráfica", maquetas, prototipos, propuestas rechazadas y reproducciones de documentos impresos se encuentran libremente agrupados en el libro citado. Este conjunto de datos constituye una mirada sobre la propuesta señalética y de identidad visual que fue desarrollada entre 1997 y finales

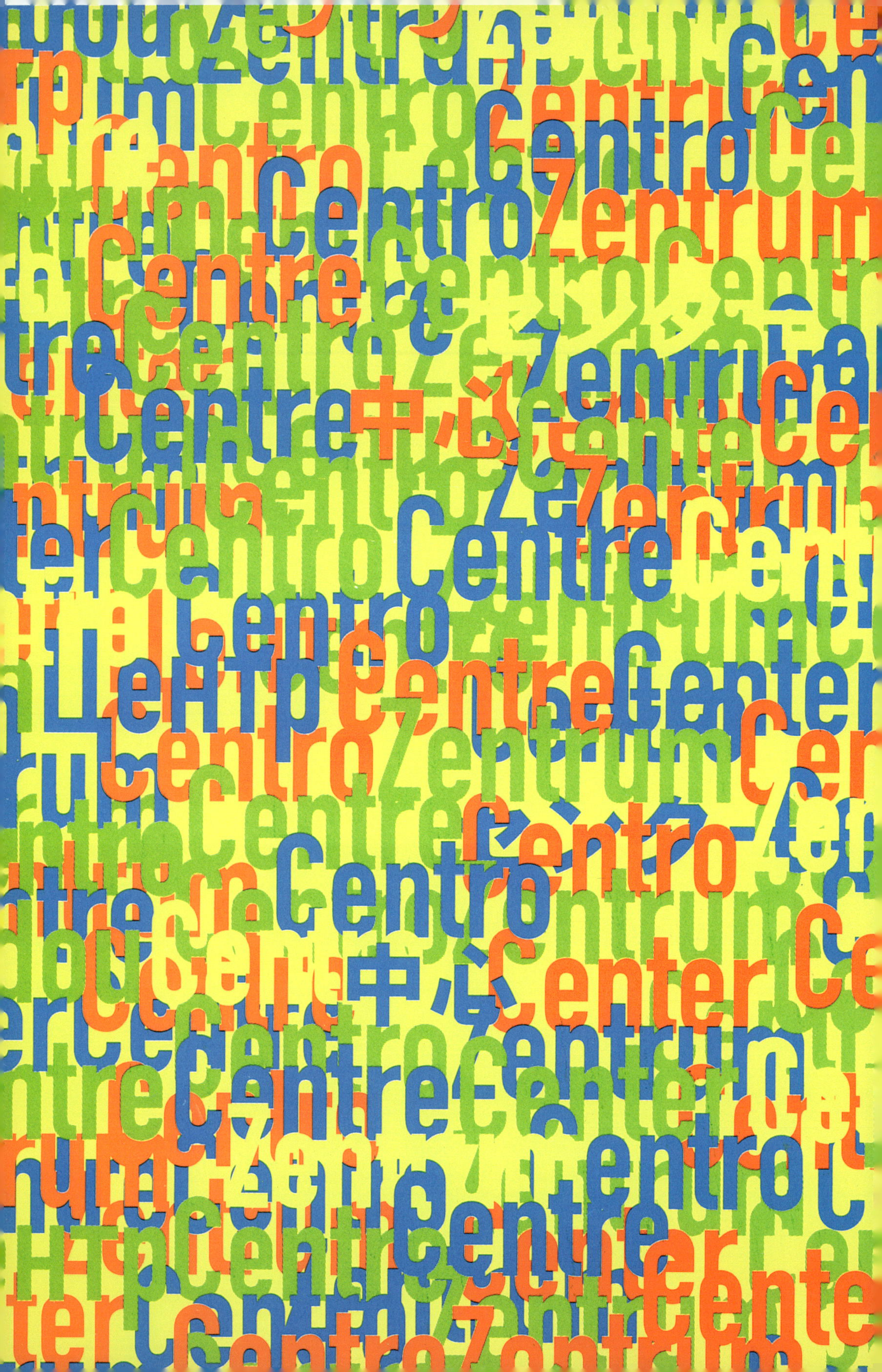
Centro
Zentrum
Centre
中心
Центр
Center

Joan Costa

La señalética actual del popular Centre Pompidou de París, fue concebida dentro del sistema de la identidad visual de la institución, cuyos signos precedentes no suprimió. La nueva señalética fue inaugurada el 01-01-00.

de 1999 por el taller Integral Ruedi Baur et Associés para el *Centre Pompidou*.

Después de un cuarto de siglo de funcionamiento y dos años de cierre por obras, se imponía una revisión del lenguaje visual de esta institución cultural. La revisión se basa en la preservación de ciertos elementos del concepto gráfico de origen, como por ejemplo el signo que simboliza la fachada concebido por Jean Widmer, o el carácter tipográfico CGP diseñado por Hans Jurg Hunziker, y el enriquecimiento de éstos por medio de nuevos elementos identificadores que pueden adquirir una presencia y una visibilidad más o menos fuerte según las necesidades. La propuesta se quiere abierta, evolutiva y adaptable a toda situación. Ella debe permitir expresar las diferencias garantizando la identificación del Centro y de sus departamentos, más allá de la presencia y el posicionamiento del logotipo. Especie de caja de herramientas más que de regla del juego, el sistema visual debe permitir a diferentes grafistas expresarse a través de él. La dimensión experimental de esta propuesta corresponde a una de las vocaciones del *Centre Pompidou*: la de tratar a través del C.C.I. (*Centre de Création Industrielle*) las cuestiones del grafismo y del diseño contemporáneos.

Múltiples intercambios entre arquitectos, grafistas, la Dirección y numerosos colaboradores del Centro han permitido conseguir este resultado que hoy puede parecer evidente al visitante. Las discusiones que abundaron entre los equipos que abordaron el proyecto, a menudo llevaron a temas que sobrepasan largamente las cuestiones formales. Ellos constituyen la parte menos visible, pero esencial del proyecto.

La arquitectura corporativa y la imagen de las ciudades

La presencia de las arquitecturas singulares en las ciudades ha tomado un auge imparable. Ya no son solamente las instituciones y las grandes corporaciones las que recurren a este modo de afirmación permanente en la vida urbana. También los gestores de "producción de ciudad" (¿o de ciudad productiva?) se muestran cada vez más activos con la promoción de la arquitectura institucional como estrategia de atracción turística, financiera, cultural, y de notoriedad urbana. Participan aquí el diseño urbanístico y arquitectónico en busca de la imagen de las ciudades.

El geógrafo urbano Francesc Muñoz identifica el hecho de la imagen de marca con la producción de ciudad. Incluso se puede ir más lejos pensando en gran escala, en la medida que la imagen de singularidad de las ciudades contribuye a la macroimagen país, como suma de todo aquello que puede ser atractivo turístico, comercial, financiero y cultural.

En efecto, la imagen urbana siempre había sido un elemento externo a la transformación de las ciudades; más bien se veía como un agregado o una especie de subproducto natural del urbanismo y la arquitectura. La imagen era el aspecto final después de producir el espacio, como si fuera el "acabado" de la presentación del nuevo escenario que era fruto del proyecto urbanístico y de las arquitecturas relevantes. La organización de grandes eventos, exposiciones universales o juegos olímpicos siempre ha conllevado cierta transformación de las ciudades, y la imagen era algo que pertenecía a un discurso *a posteriori*, como un resultado o un efecto intrínseco. Hoy, en cambio, la estrategia se invierte obedeciendo a la consigna general de *diseñar la imagen antes que el producto*. La imagen es el primer elemento imprescindible para producir ciudad... y para producir marca. Por eso, el diseño urbano es hoy diseño de una imagen para una ciudad, una imagen reconocible, exportable y consumible por habitantes, visitantes e inversores, vecinos, turistas y grandes instituciones y organizaciones.

Los edificios singulares son, en este contexto, los grandes polos emblemáticos, y los arquitectos más innovadores son llamados a destilar su genio en la creación de construcciones insólitas. Ahí están las obras, ya "clásicas" como la pirámide de cristal del Louvre y el Centro Pompidou en París, o la emblemática torre señalética del mercado de valores Nasdaq en Times Square de Nueva York. En España tenemos las obras de Calatrava en la nueva imagen de la comunidad valenciana, el espectacular Museo Guggenheim de Bilbao, el Parque de las Ciencias de Granada, el Museo Nacional de Ciencia y Tecnología en A Coruña y, en el ámbito corporativo la Torre Agbar en Barcelona. Estos pocos ejemplos muestran bien a las claras cómo el auge económico, el desarrollo científico y tecnológico dejan su impronta más tangible y original en la imagen del país, a lo que contribuye la señalética corporativa.

Así, la identidad de las empresas e instituciones forma parte de la identidad de las ciudades como antaño lo hicieran las catedrales y las construcciones excepcionales, cuyo símbolo de toda una época moderna fue sin duda la parisina Torre Eiffel. Pero no basta, en muchos casos, la presencia singular de una arquitectura, sino que a menudo ésta es objeto de intervenciones excepcionales. La misma Torre Eiffel ha sido estandarte de los grandes eventos nacionales con iluminaciones, adornos e incluso fue soporte publicitario de excepción para la "Exposición Internacional de Artes y Técnicas en la Vida Moderna", en 1937, y cuando la Torre fue concedida a la marca Citroën como un esplendoroso y gigantesco display eléctrico (pág. 75).

Entre esta referencia de 1937 y el día de hoy media la friolera de 70 años: una vida humana. Durante este tiempo, los cambios científicos, tecnológicos, económicos, sociales y culturales han sido brutales y cada vez más rápidos. Y la señalética corporativa al filo de estas evoluciones se ha impuesto como uno de los recursos comunicativos de la información y la imagen de las organizaciones... y también como uno de los signos característicos de nuestro tiempo y de la fisonomía de nuestras ciudades.

BeBlue de IBM

El edificio ocupado por IBM para su Centro de Innovación *e-business* en Madrid, necesitaba una identificación fuerte, atrevida y espectacular para poder transmitir su espíritu innovador y creativo. Situado en una zona de gran crecimiento, este edificio es muy visible desde algunas vías de circulación que lo bordean y cualquier tipo de señalización estándar hubiera significado un pobre aprovechamiento de las características y posibilidades que ofrece el edificio y su entorno.

IBM, una empresa con una identidad sobria y elegante, decidió identificar su nuevo Centro de Innovación *e-business* con una imagen visual joven y palpitante: un corazón metálico azul, en sintonía con la denominación "Be Blue". Esta identidad verbal y visual creada por CIAC, forma parte del proyecto global de imagen y arquitectura corporativa del centro, bajo el concepto de "jardín de las comunicaciones". La marca, situada en grandes dimensiones sobre la fachada acristalada, multiplica su imagen autónoma que se refleja en las fachadas de los edificios colindantes construidos también en cristal, logrando un efecto de múltiples espejos azulados. El color emblemático del "gigante azul" IBM (el "big blue"), ejerce funciones tanto señaléticas como emocionales.

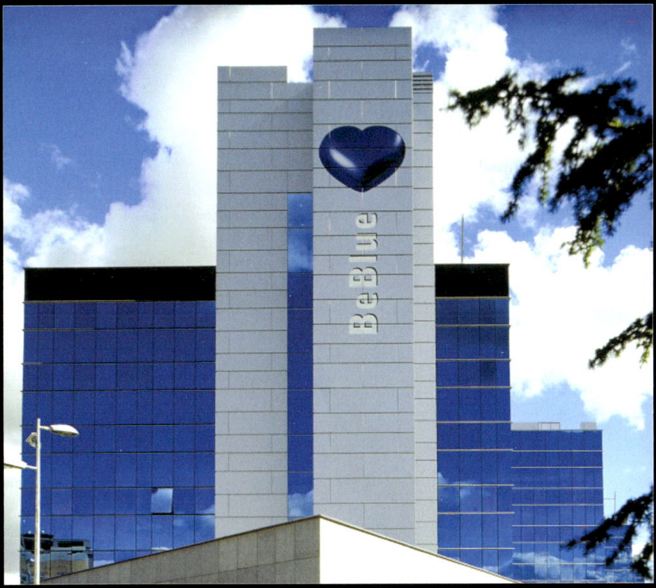
BeBlue

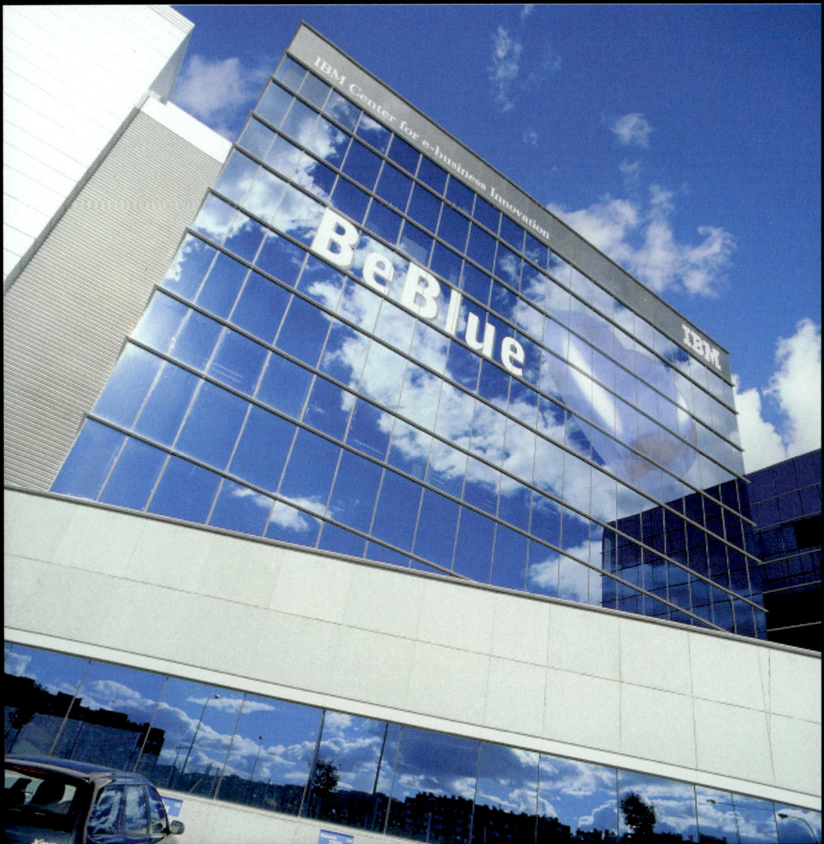
IBM Center for e-business Innovation
BeBlue
IBM

AC
AC
HOTELES
HOTELES

ERG
Tienda
EURO SUPER
SUPER PLUS
SUPER
DIESEL

pans
& COMPANY

Plànol
General

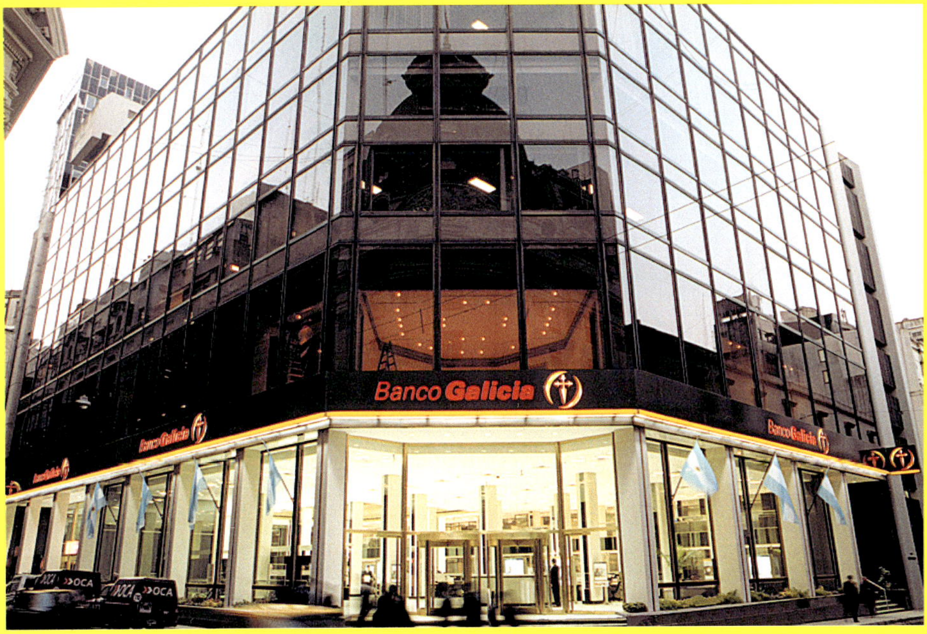
Banco Galicia

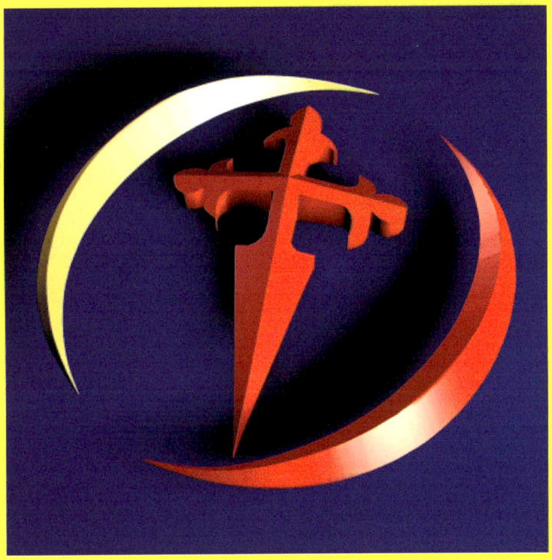

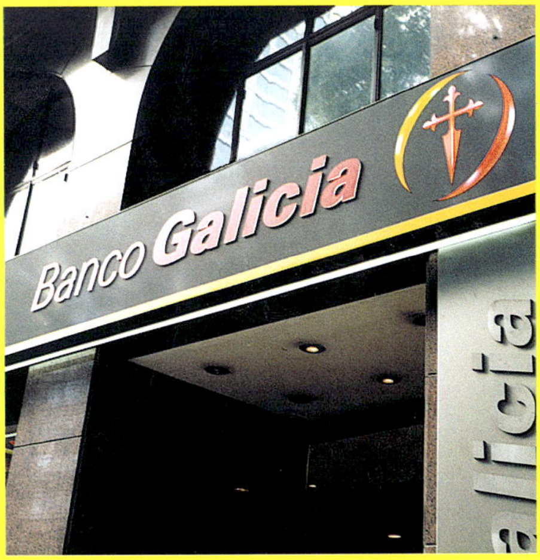
Banco Galicia

IBERDROLA

IBERDROLA

Equipamiento
del hogar
IBERDROLA

Energía

141

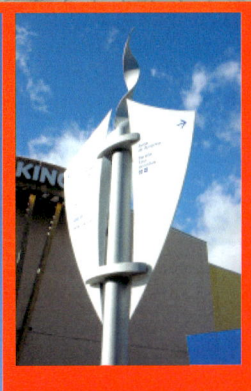

142

auna

ING DIRECT

Clínica
Sagrado
Corazón
Grupo USP
USP

Salida
Salida
C/ Cuba
Aparcamiento
-1
M

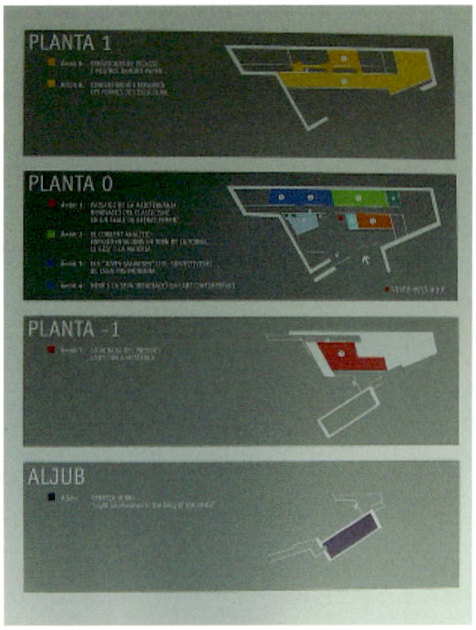
PLANTA 1
PLANTA 0
PLANTA -1
ALJUB

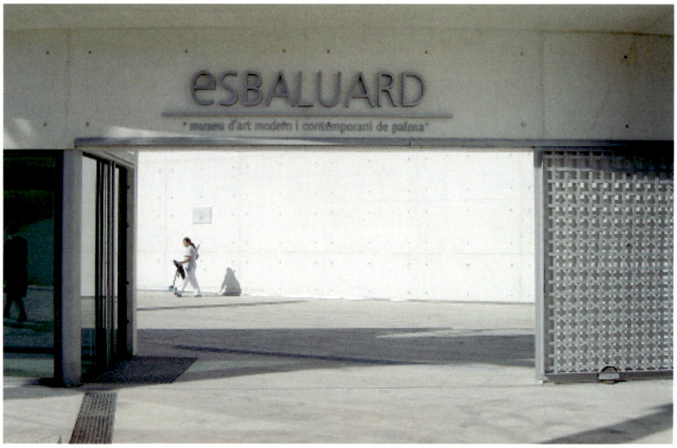
esBALUARD

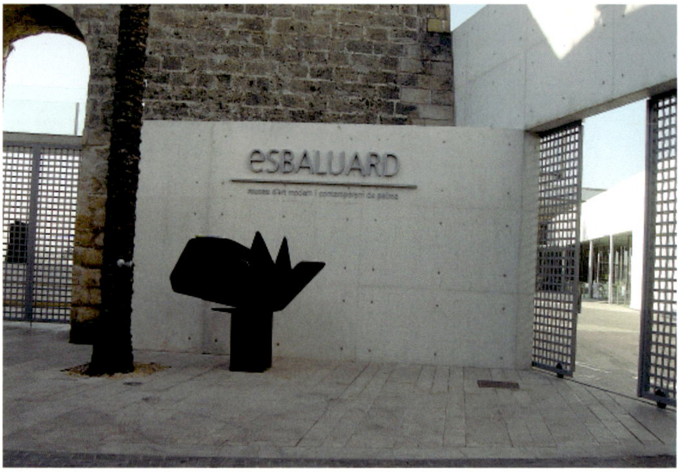
esBALUARD

Cámara
Madrid
Cámara
Madrid

Cámara
Madrid
4
Cuarta Planta
Presidencia
Dirección
Secretaría General
3
Tercera Planta
Segunda Planta
2
Primera Planta
1
Planta Baja
0
Entreplanta
-1
Parking
-2

GrupoSantillana
60

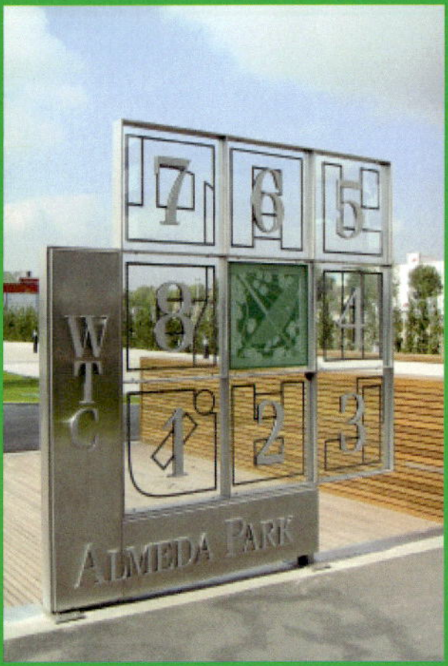
7 6 5
8 4
1 2 3
WTC
ALMEDA PARK

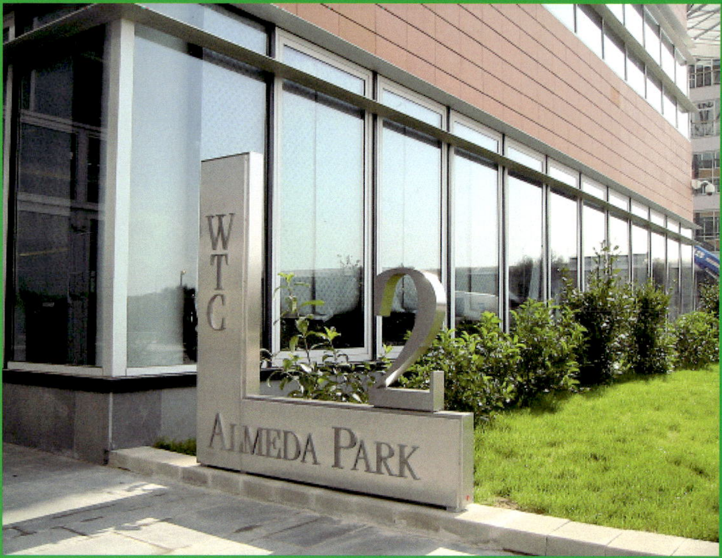
WTC
2
ALMEDA PARK

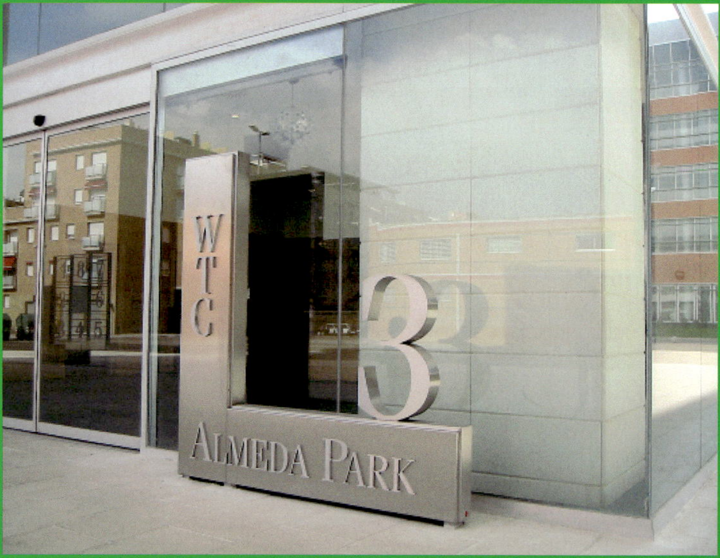
WTC
3
ALMEDA PARK

terra

terra
lycos

Planta 8
Planta 4
Planta 7
Planta 3
Planta 6
Planta 2
Planta 5
Planta 1
Planta 0
terra
lycos

terra
lycos

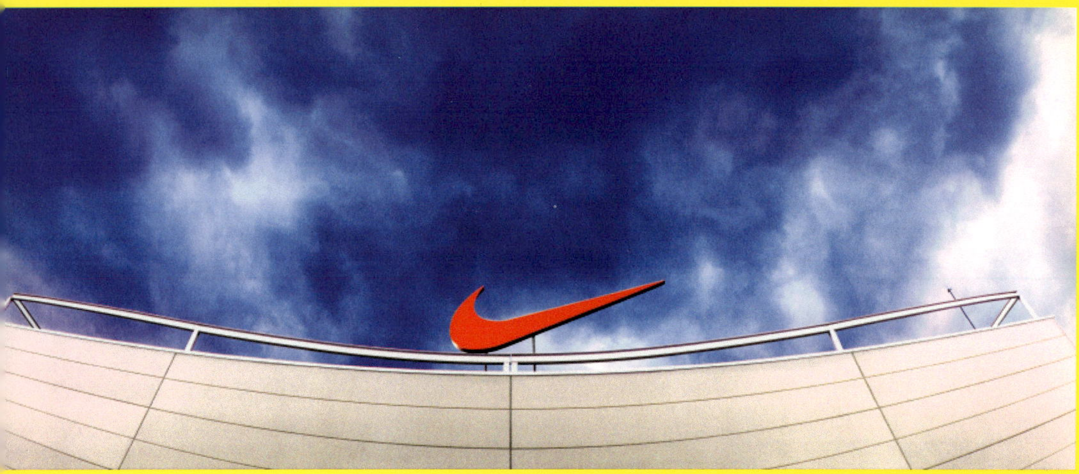

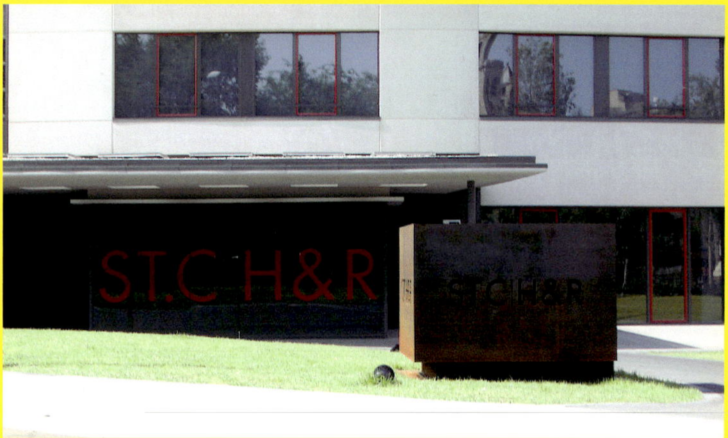
ST.C H&R

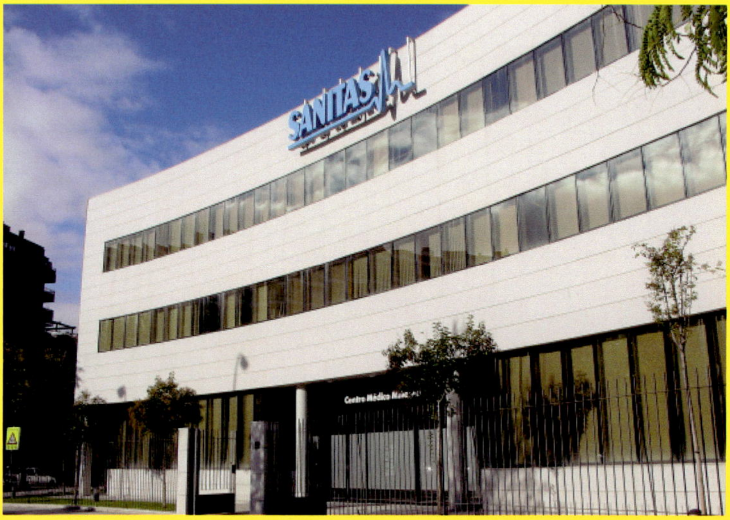
SANITAS

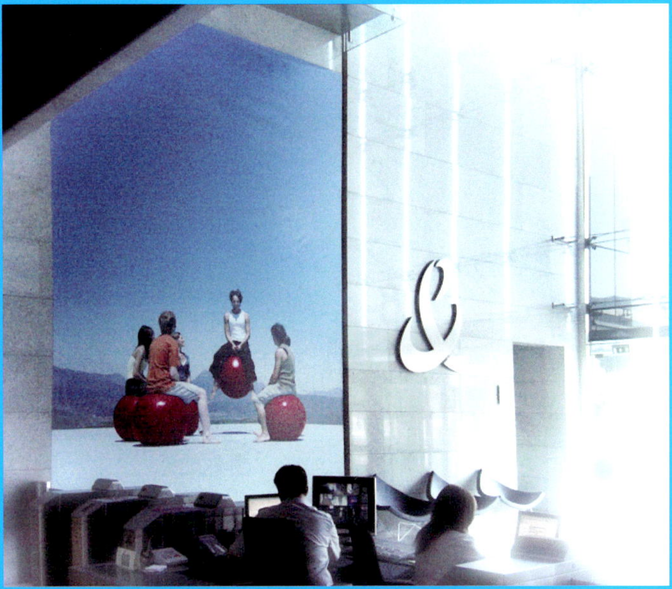

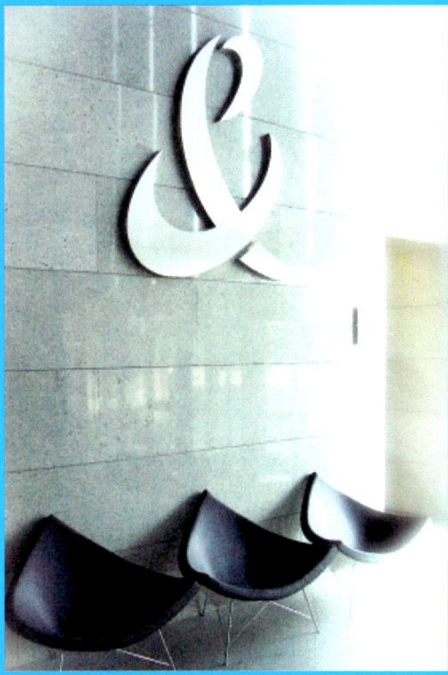

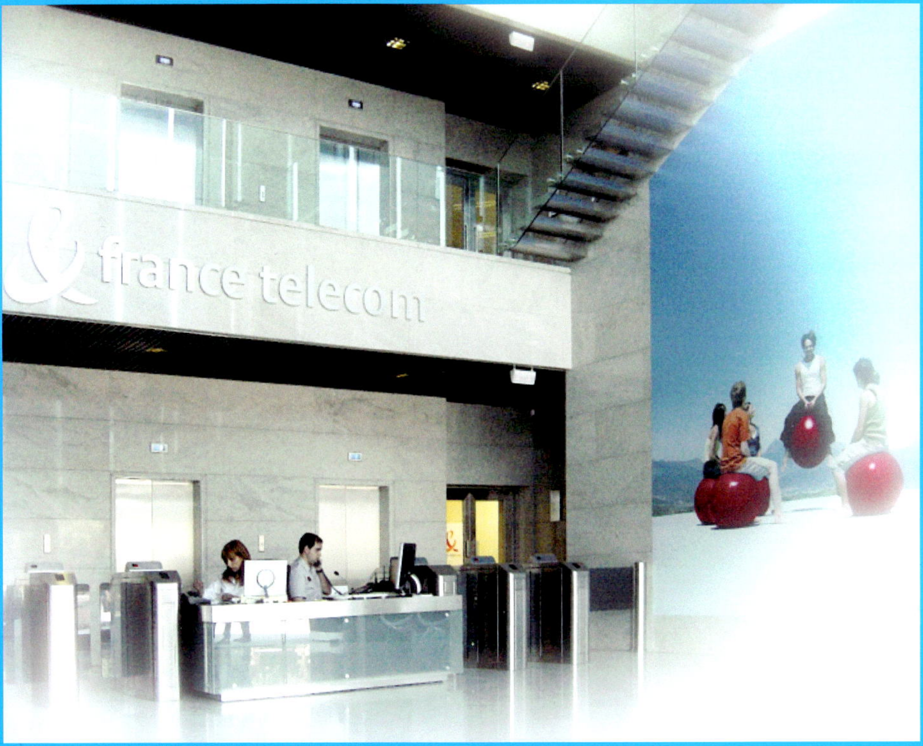
france telecom

Estadio Alfredo Di
Puerta
Cabinas
Puestos
Sectores
Sectores
Palco de
Sectores
Sectores

Personal Autorizado
Área Centro Médico
Vestuario R.M. Castilla
Vestuario R.Madrid C
P 2
Campos 4, 5, 6

Vest. 10, 8, 6, 4, 2
Campos 8, 9, 7
Área Centro Médico

Salida
Campos 7, 8, 9, 10
Vestuarios 6, 8, 10, V
Vestuario 2
R.M. Castilla / Real Madrid C
Área Centro Médico
Ciudad
Real Madrid

151

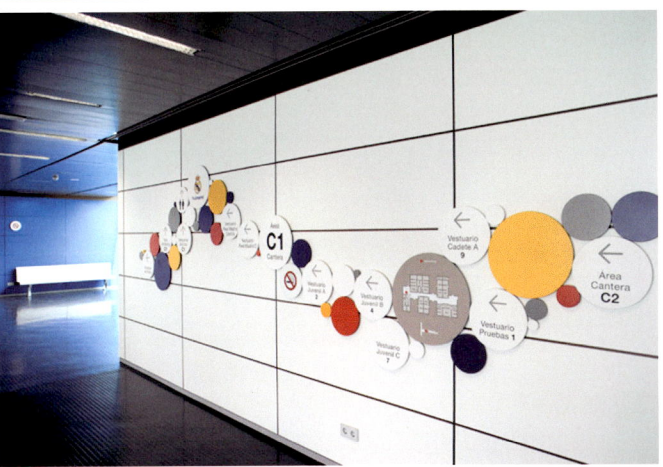

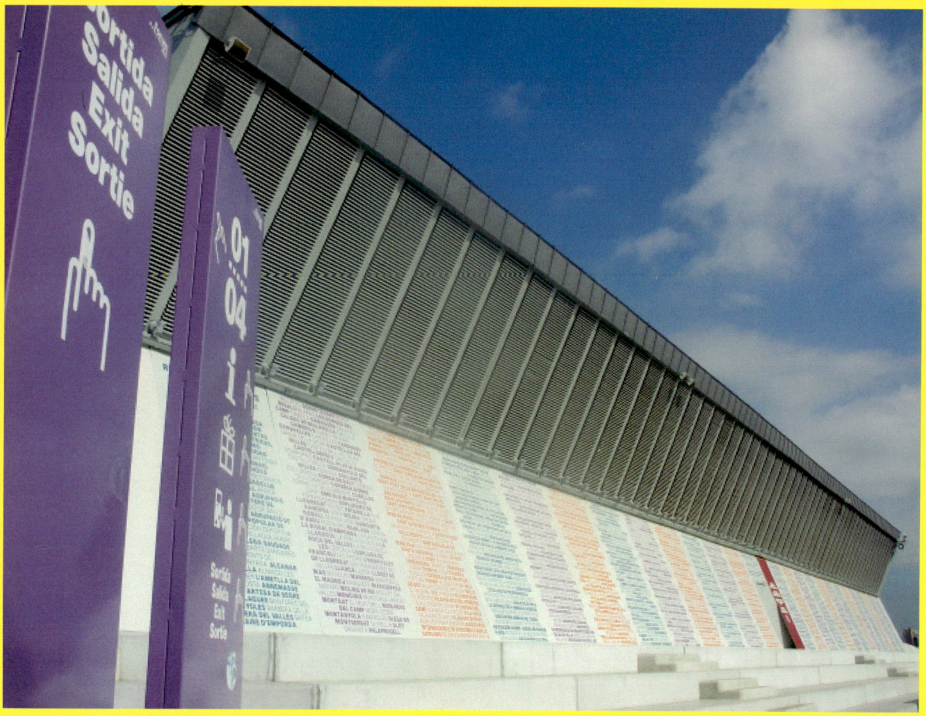
Sortida
Salida
Exit
Sortie
01
04

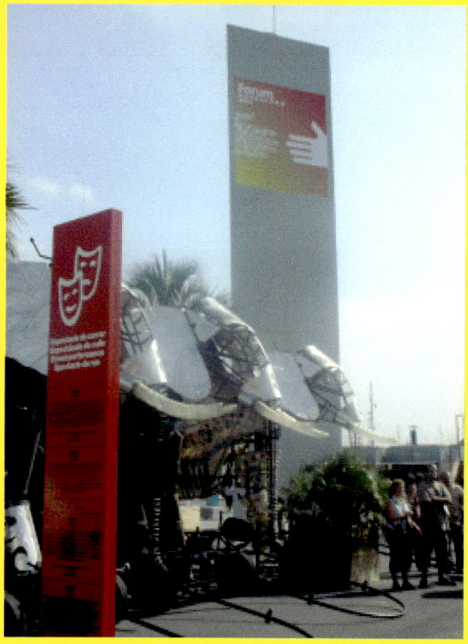

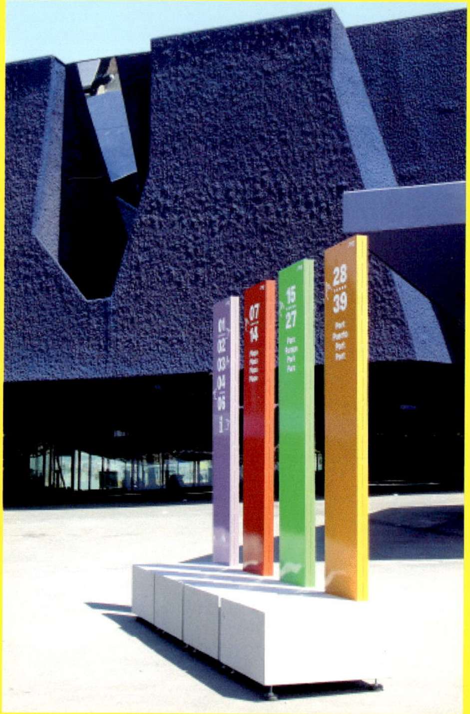
28
39
15
27
07
14

153

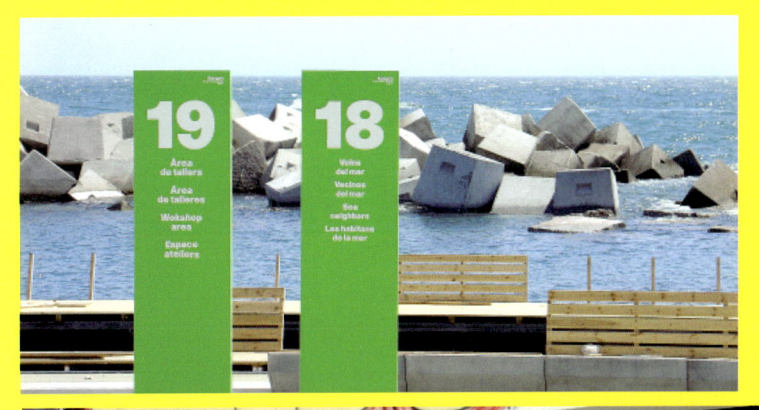

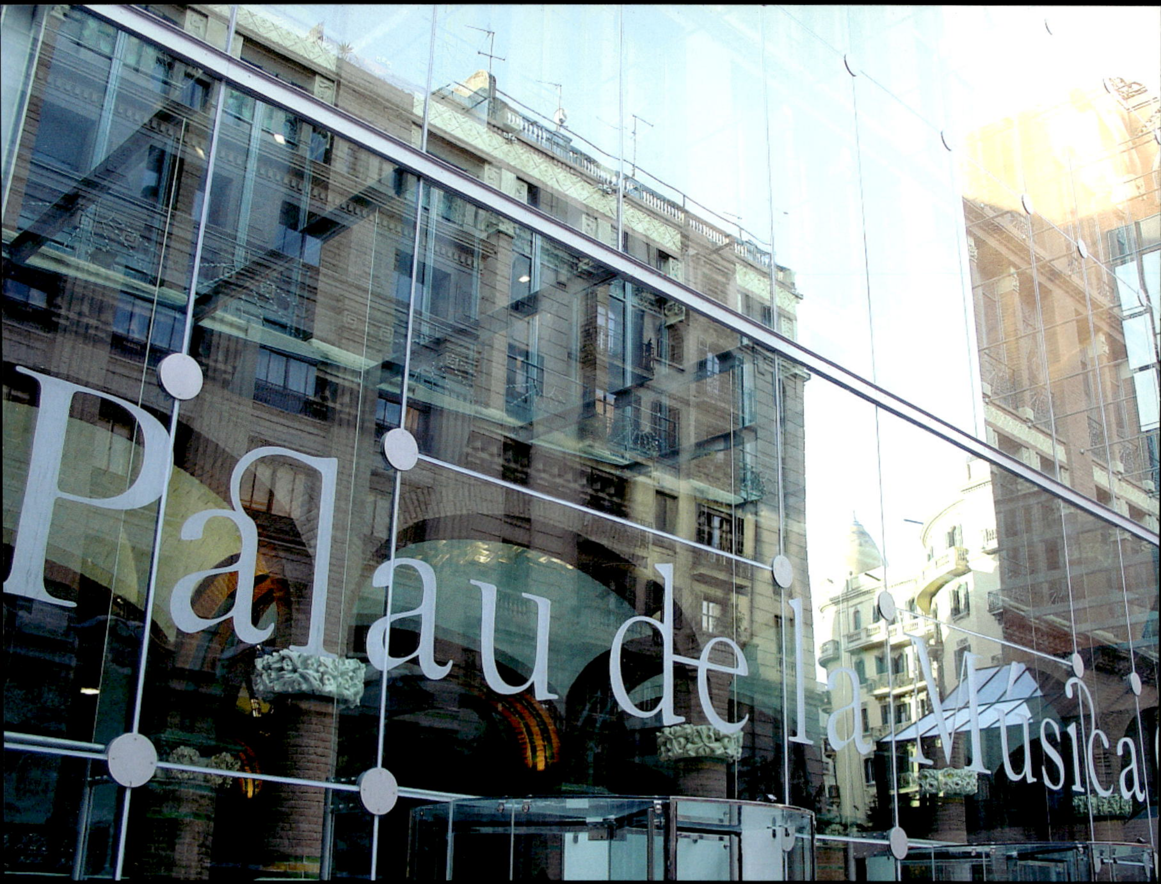
Palau de la Música

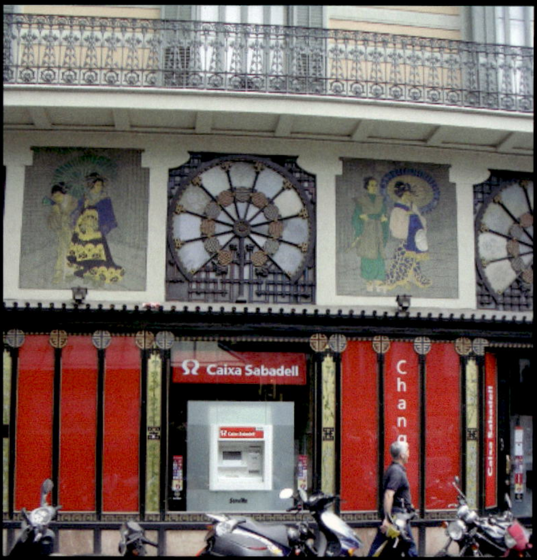
Caixa Sabadell

petit Palau

156

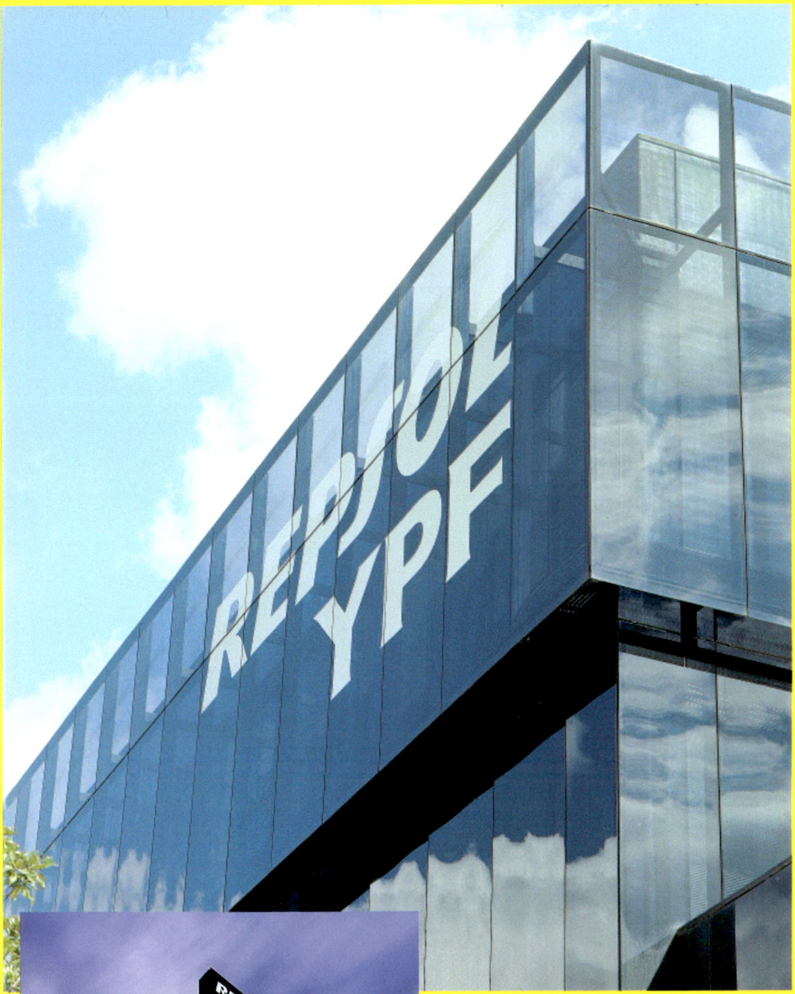
REPSOL
YPF

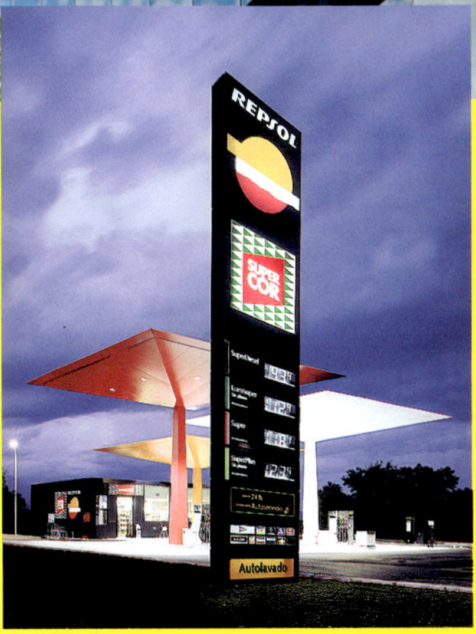
REPSOL
SUPER COR
Autolavado

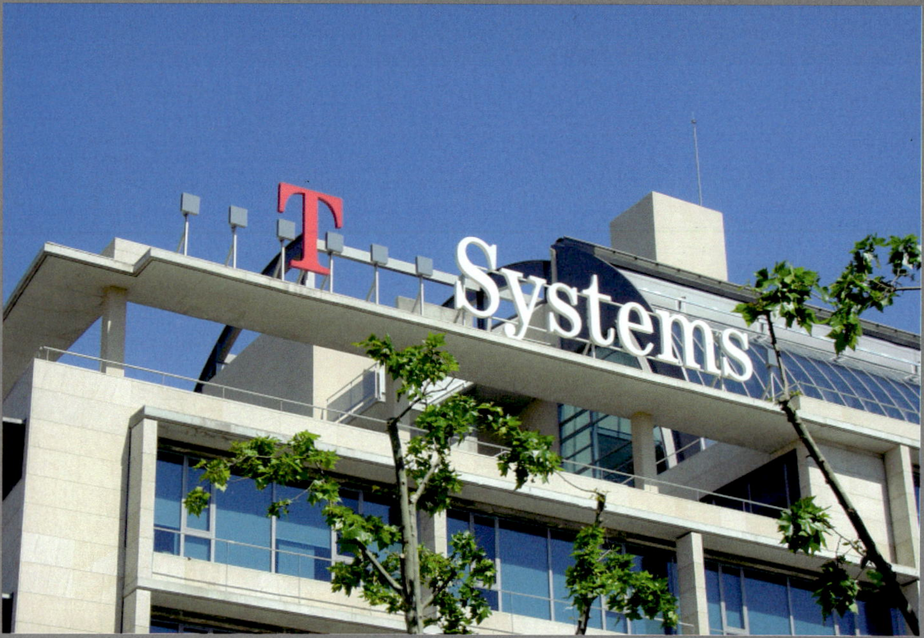
T
Systems

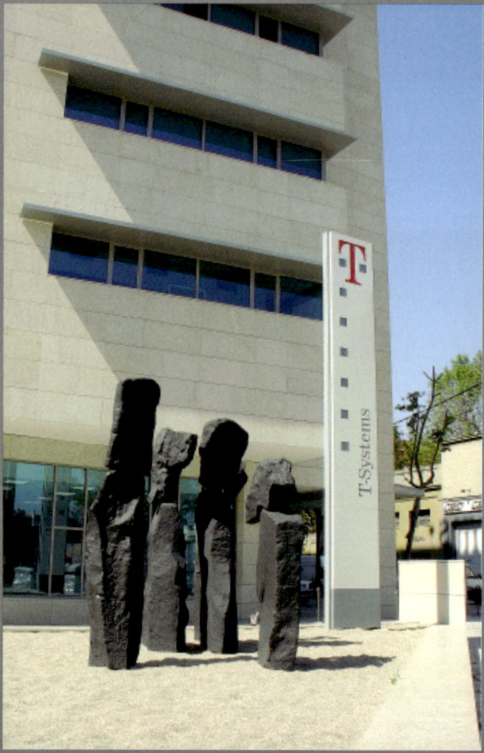
T
T-Systems

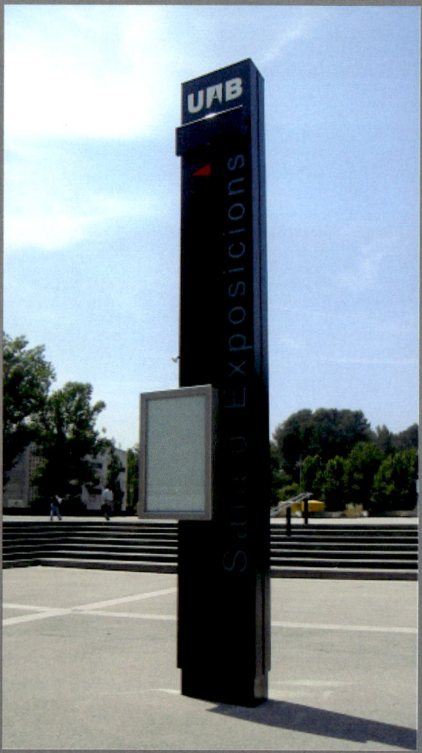
UAB
Exposicions

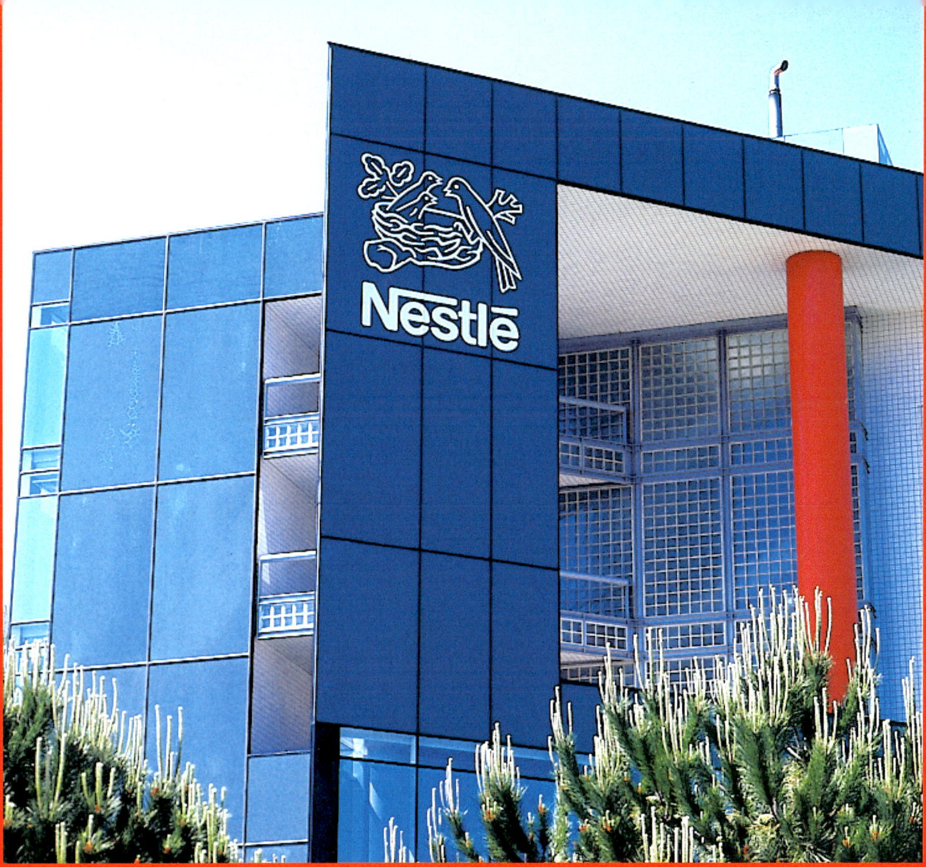
Nestlé

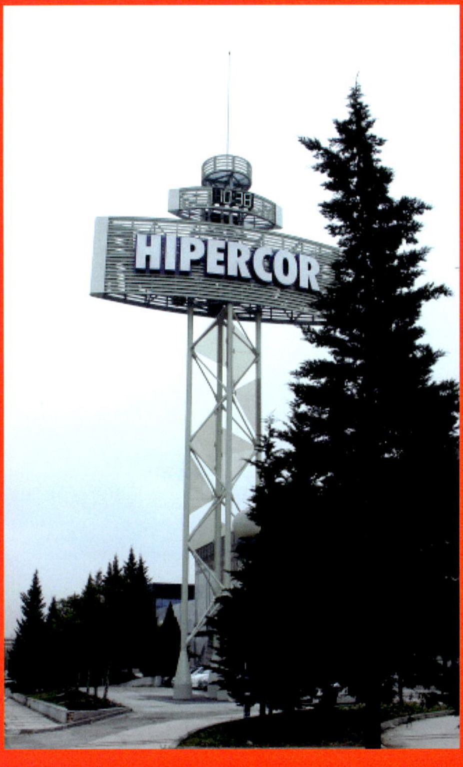
HIPERCOR

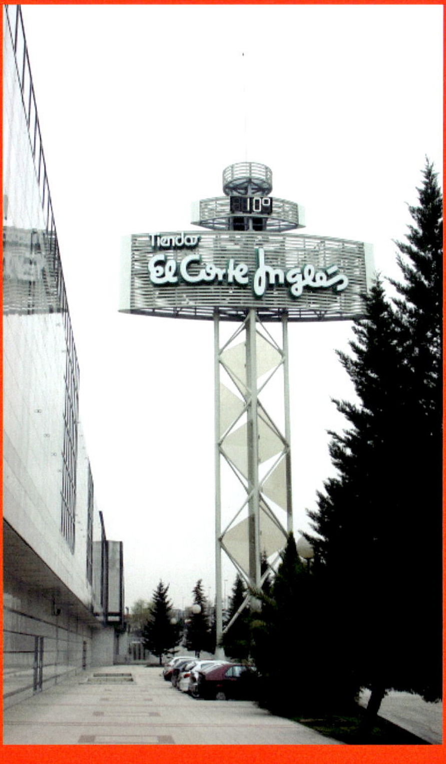
Tiendas
El Corte Inglés

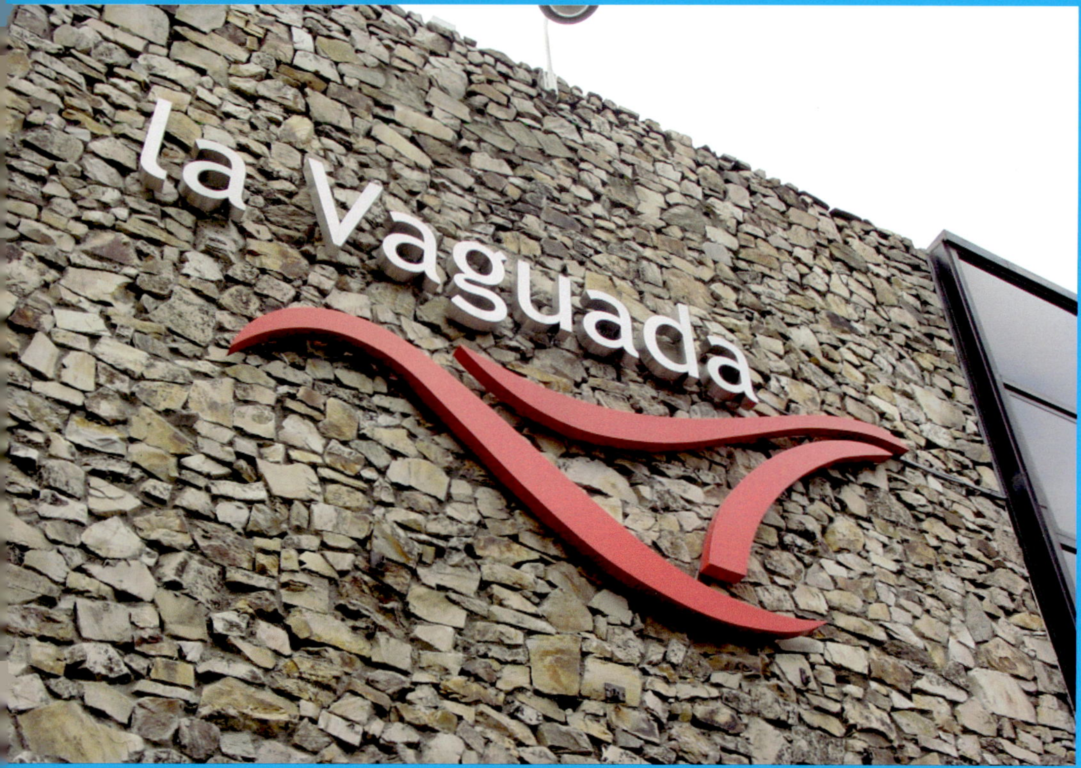
la Vaguada

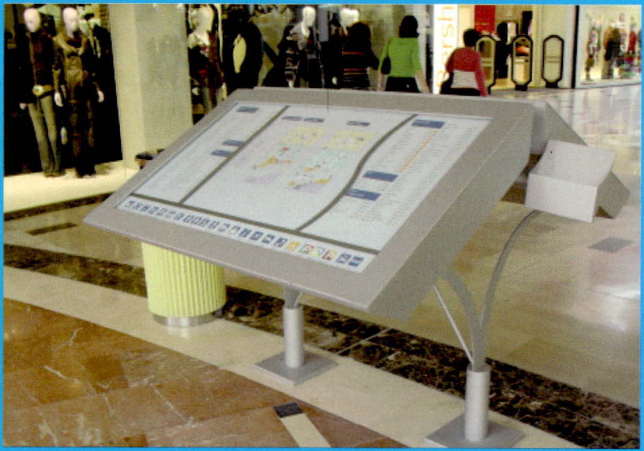

CAMPER

3
consultas externas
2
consultas externas
1
consultas externas
0
consultas externas

PRINCESS

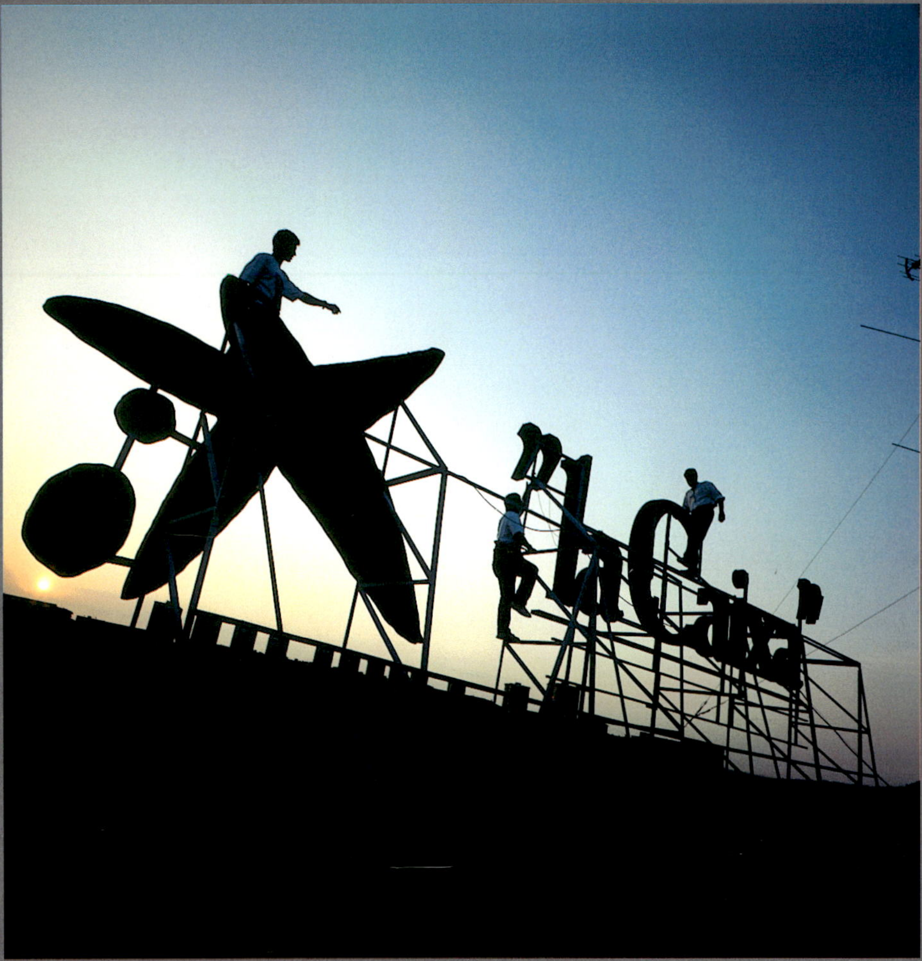

laCaixa

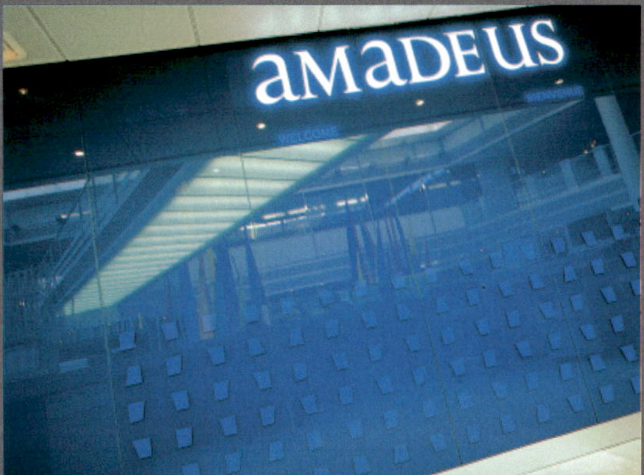

amadeus

Torre del Mercado de Valores Nasdaq. Su panel de ocho pisos de altura es la mayor videopantalla del mundo. Utiliza 18.677.760 diodios fotoemisores que barren 998 metros cuadrados.

Arte, arquitectura y espectáculo

Un caso interesante en el devenir de la arquitectura corporativa en España es el Museo Guggenheim Bilbao. Esta sorprendente arquitectura, ya un icono desde su concepción, se ha convertido en dos ocasiones en pretexto para extraordinarios espectáculos. ¿Hay un modo de autoseñalación más insólito y eficaz que la forma arquitectónica por sí misma y la aplicación de un tratamiento artístico y tecnológico espectacular memorable?

El público del Museo Guggenheim Bilbao ya conoce al artista de origen japonés Hiro Yamagata a través de una obra que instaló en el otoño de 1999 llamada *Photon 999*. Su ambicioso despliegue de láser envolvía con sus haces de luz a unos asombrados visitantes. La instalación estaba conformada por unos paneles holográficos y un sistema de rayos láser alrededor del Museo, y su luz reflejándose y rebotando en la piel de titanio del impresionante edificio de Frank Gehry.

"Si aquel espectáculo ya nos pareció asombroso y futurista, escribía José Luis Bilbao[18], la nueva propuesta de Yamagata es todavía más audaz". La nueva propuesta es de 2004, y se llama *Campo cuántico-X^3*. Consiste en una instalación de enormes cubos holográficos que reflejan y refractan la luz solar durante el día y la artificial durante la noche. La visión de los juegos de luces y el paseo por el interior de la propia obra constituye una experiencia sensorial y estética difícil de imaginar.

Se trata de una instalación ocasional, una obra de arte óptico-cinético en el sentido más tecnológico del término. Digamos que esta clase de instalaciones intangibles y efímeras viene a ser como una emanación del propio Museo. Arte, arquitectura y espectáculo se unen aquí como una constante de esta obra integral. Única.

¿Cabe situar esta categoría de manifestaciones perecederas y variables dentro de los conceptos de señal, señalar, señalación, señalización y señalética? ¿No se nos antojan todos ellos distantes, estáticos y demasiado funcionales y pobres si los comparamos con estas intervenciones fascinantes -aunque efímeras- de Yamagata? En efecto, si las "señales", sean del tráfico, de los comercios o de los espacios de servicios, e incluso de la arquigrafía, poseen la característica común de su tradicional estatismo general hasta la llegada del neón en 1910; y si los luminosos espectaculares que caracterizan a megaciudades como Tokio y lugares-espectáculo como Las Vegas, también éstos configuran estructuras estáticas a pesar de la redundante variedad de los efectos de movimiento, luz y color. Así, teniendo en cuenta todo esto, las instalaciones de Yamagata en el Guggenheim Bilbao son historias de otros mundos.

"Cuando el láser se refleja y refracta sobre las superficies holográficas, se pueden percibir partículas solares que normalmente los seres humanos no podemos ver", explica el propio Yamagata. "La reflexión de los haces de láser rebotando en las superficies crea la ilusión de una estructura inmaterial entre los dos cubos del edificio. De esta manera, vemos la luz que nunca antes hemos podido ver, y los efectos visuales se nos aparecen como milagrosamente físicos".[19]

---

[18] José Luis Bilbao es Diputado General de Bizkaia y Presidente del Comité Ejecutivo de la Fundación del Museo Guggenheim Bilbao.

[19] Hiro Yamagata, *Artist's Statement*, Malibú, California, octubre 2001.

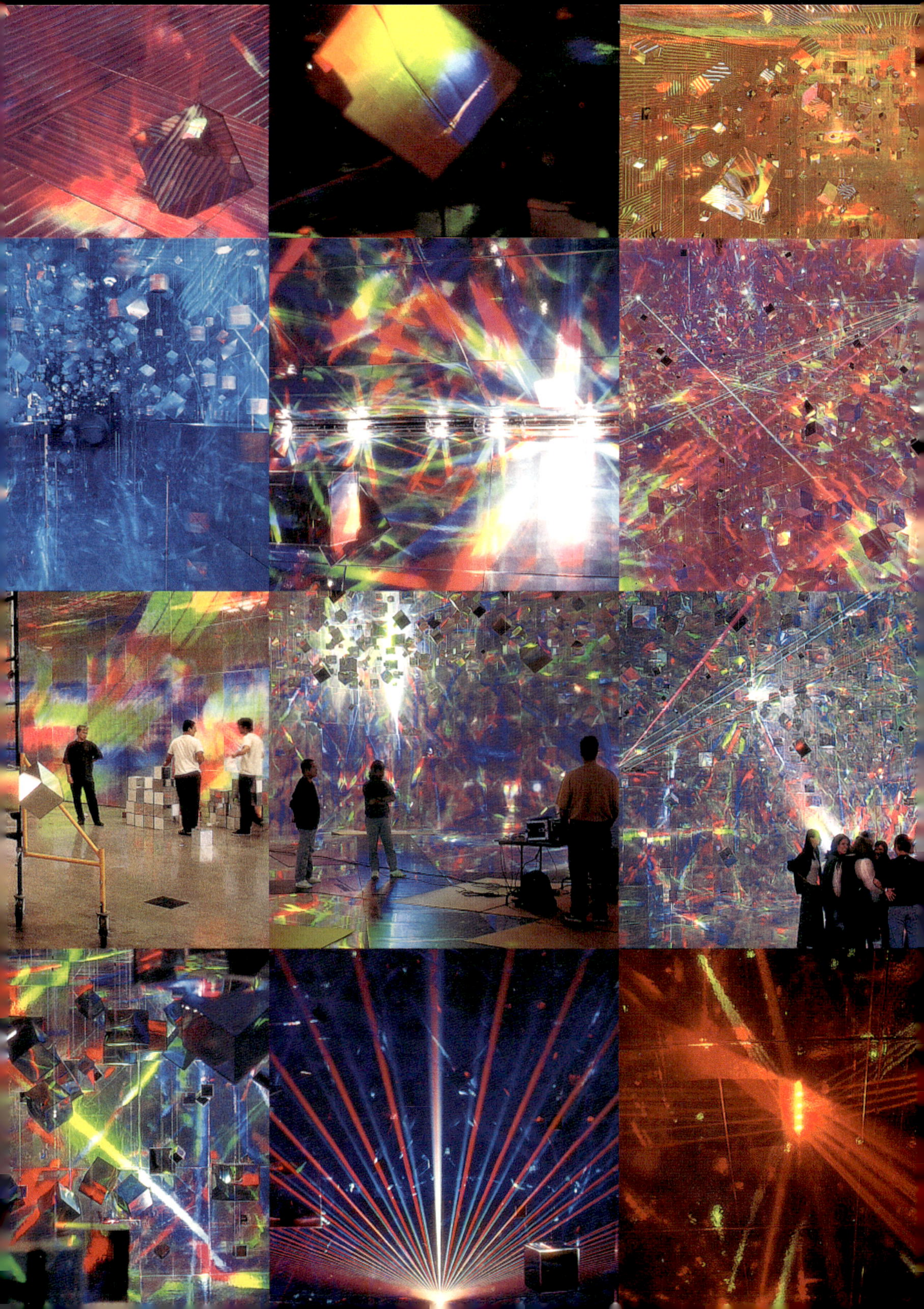

Campo cuántico-X³ (2004-2005), es una superación de Yamagata por él mismo. Cuenta Sam Hunter que, cuando la luz incide sobre los paneles holográficos, ésta se descompone en una serie de arcoiris aleatorios, unos haces iridiscentes, haciendo que los cubos comiencen a interactuar, tanto con el espectador como entre sí mismos, creando juegos vibrantes e impredecibles. "Los diferentes reflejos parpadean, tiñen los cubos de luz y brillan, creando unas complejas danzas de asombrosa vida. Los colores, que tienen su origen en el tamaño y brillo de la luz, evolucionan y cambian a medida que el espectador observa los reflejos y refracciones desde diferentes ángulos".[20]

Por la noche, la intensidad de los reflejos de los paneles crece exponencialmente junto con la teatralidad de los efectos de la luz, que recuerdan las auroras boreales cósmicas y otros asombrosos fenómenos naturales que el diseño de la instalación pretende sugerir, cuenta Sam Hunter.[21] A medida que el sol comienza a ponerse sobre la superficie ondulada de la arquitectura del Museo, un sistema de láser controlado por ordenador, situado en una estructura que se asemeja a un platillo volante, proyecta unos rayos láser sobre los paneles holográficos de los cubos, sustituyendo al sol y ampliando los efectos que la atmósfera y la distancia normalmente se encargan de matizar y suavizar.

Diferentes series de haces de luz tocan las superficies holográficas, ampliando la animación de los cubos. Lanzados simultáneamente de un panel a otro, amplifican la energía generada por los láseres rebotando hacia el cielo nocturno de la vieja ciudad. Más que simplemente unos cubos danzantes o unas brillantes cortinas de luz septentrional traídas por Yamagata a Bilbao para un corto espacio de tiempo, los paneles iluminados por el láser deslumbran y brillan con una energía que nunca antes habíamos experimentado, afirma Sam Hunter.

"A veces, la frontera entre la magia y el arte puede ser tan sutil como un rayo de luz", escribe Juan Ignacio Vidarte, Director General del Museo. Un texto tan sugestivo que no me resisto a transcribir: "Gracias a una sofisticada tecnología y con un profundo conocimiento de los hechos físicos Hiro Yamagata nos presenta la belleza de los fenómenos naturales que el ojo humano es incapaz de ver por sí solo. Durante siglos, el arte nos ha venido resaltando la belleza de la naturaleza y se ha inspirado en ella para llevarnos a reflexiones profundas sobre nuestra existencia. De igual forma, *Campo cuántico-X³*, partiendo de un fenómeno natural y con ayuda de la tecnología, nos descubre la visión de una existencia nueva para nosotros. El sol y la luna, la noche y el día, sólo son atisbos de un espectáculo natural fascinante que se nos brinda oculto a nuestras facultades. Al desvelárnoslo, Yamagata nos asoma al impresionante abismo del Universo, a un mundo de partículas que nuestros sentidos no perciben, pero que son tan reales como nosotros mismos o, si se prefiere, nosotros, tan evanescentes como ellas. Por este motivo, esta obra, además de resultar un placer para los sentidos, también nos induce a pensamientos que trascienden la realidad inmediata y cuestiones de cariz más filosófico en torno al ser y la materia".[22]

[20] Juan Ignacio Vidarte en la presentación del libro. *Hiro Yamagata*, Museo Guggenheim Bilbao, sin fecha.

[21] S. Hunter en el citado libro.

[22] J. I. Vidarte, *op. cit.*

Tecnologías de la innovación en la estética corporativa

En la segunda mitad del siglo pasado se fraguaba la innovación sin duda más importante en la tecnología de iluminación. Se trata de los LED (*light-emitting diodes* o diodos luminiscentes), que se remonta a los años 60 cuando empezó a instalarse este sistema en hogares y oficinas. Hoy, el mercado mundial de los LED se estima en 4.000 millones de euros, un 20% del sector de la iluminación. Veamos un poco de su historia y tecnología.

En 1995, durante la ceremonia en que Nick Holonyak recibía el premio Japón por su labor pionera en el campo de los emisores de luz y láseres semiconductores, se le pidió al galardonado que dijera algunas palabras sobre la técnica del futuro. Holonyak se limitó a señalar las luces del techo y expresó lacónico: "Eso desaparecerá". En efecto, los diodos emisores de luz LED gozan ya de amplia difusión. Ahora se trata de desarrollar versiones de luz blanca, que sustituyan a la centenaria bombilla de filamento incandescente de Edison.

Los LED convierten la electricidad en luz cromática de manera mucho más eficiente que sus parientes, las lámparas incandescentes. En el caso de la luz roja el rendimiento se decuplica. Algunos prototipos duran la increíble cifra de 100.000 horas, unos diez años de uso normal, mientras que la vida media de una bombilla incandescente se cifra en unas 1.000 horas. Pero no sólo eso; la intensidad y los colores de la luz generada por los LED han mejorado tanto, que se han convertido en la fuente de luz adecuada para grandes pantallas. El ejemplo más impresionante en el campo de la señalética corporativa nos lo ofrece el panel de ocho pisos de altura del Nasdaq, situado en la neoyorquina Times Square.

Lo acostumbrado hasta ahora era recurrir a las bombillas incandescentes para las señales de tráfico y otras lámparas cromáticas. Con ese fin las bombillas se cubrían con un filtro que les diera el color deseado. Pero el filtrado constituye un método sumamente tosco de producir luz cromática. Un filtro rojo, por ejemplo, bloquea en torno al 80 por ciento del resplandor; la cantidad de luz emitida se reduce de 17 lúmenes por watt a entre tres y cinco lúmenes por watt. Además, los LED de un semáforo sólo consumen de 10 a 25 watt, mientras que para conseguir un brillo similar con bombillas incandescentes, se requieren de 50 a 150 watt. Merced a este ahorro energético, la diferencia de coste por lumen se recupera en menos de un año. Cuando se toma en cuenta ese dato, al que hay que añadir un mantenimiento mínimo con el consiguiente recorte de nóminas, se comprende el porqué de la revolución de los LED.

En Barcelona, ciudad que tiene una larga tradición en diseño y tecnología, los LED se están utilizando para iluminar las fachadas de edificios emblemáticos, como el Forum Mundial de las Culturas, el Banc Sabadell o el Ayuntamiento.

Una de las sorpresas más espectaculares de las Fiestas de Año Nuevo 2007, ha sido la iluminación cambiante de la Torre Agbar, buque insignia del Grupo Agbar, diseñada por el arquitecto francés Jean Nouvel, y tratada con el recubrimiento de tecnología LED. Hasta tal punto esta nueva Torre ha sorprendido a todos por su novedad y su efecto estético singular, que ha sido elegida como la estrella del programa de fin de Año en TV3, la televisión de Catalunya.

Se confirma aquí la importancia de la arquitectura corporativa en la configuración de la imagen de las ciudades. Y la eficacia identitaria de una señalación -o, más exactamente, una "autoseñalación"- del propio edificio luminiscente con los lenguajes más abstractos que pueden combinarse: luz, formas, colores, mutaciones. Una señalación óptica y a la vez cinética, de lenta transformación y que modifica las formas y las intensidades con el cambio de la luz ambiente. Podemos decir que se trata de un lenguaje integrado a su propio soporte, que forma parte de él. Y que a la vez está en interacción armónica con la luz cambiante del entorno.

Lo que resulta totalmente novedoso en términos de identificación, tanto en la Torre Agbar como en el Museo Guggenheim Bilbao que acabamos de comentar, es la ausencia de los signos tradicionales identitarios, los símbolos, los logotipos corporativos. La singularidad de la arquitectura y de su animación visual reemplazan los símbolos marcarios y los superan. Pero, ¿acaso la forma arquitectónica y su tratamiento visual, no son ellos mismos signos y señales, en el sentido plenamente semiótico, y aún de un lenguaje emblemático?

Los diodos luminiscentes ofrecen unas cuantas ventajas técnicas que subrayan su interés económico en el campo de la señalética corporativa. Los diodos son resistentes a los golpes y vibraciones, y reducen notablemente los costes de mantenimiento y reemplazo de luminarias. Sin embargo, los LED no son una primicia, pues su tecnología ha seguido un desarrollo lento. Aparecieron en los años 60, pero no salieron al mercado hasta que los laboratorios encontraron el modo de ampliar la paleta de colores: la conquista del azul en 1993 fue clave para conseguir combinaciones capaces de cubrir todo el espectro y obtener una luz blanca tolerable por el ojo humano.

La gran flexibilidad de los LED abre el camino a nuevas aplicaciones. En lugar de cambiar el papel de la pared o pintarla de un color diferente, podemos manipular el color de la estancia ajustando la proporción de la longitud de onda (ya que ésta determina el color) de la luz emitida. En el Museo Metropolitano de Arte de Nueva York se utilizó, en 1999, luz generada por LED para iluminar una exposición sobre la indumentaria de los Beatles en *Sgt. Pepper's*. Este tipo de iluminación produce menos calor y no estropea las telas, lo que señala el camino para los comercios de moda y el escaparatismo.

Por el momento, los campos de aplicación de los LED más comunes son los teléfonos móviles, las luces de freno de motos y automóviles, los semáforos, la señalización de aeropuertos y hospitales, así como los paneles de estadios deportivos. El embellecimiento de edificios singulares, del que la Torre Agbar constituye un modelo paradigmático, es un anticipo de la futura extensión de esta tecnología también al alumbrado público.

Foto Òscar García

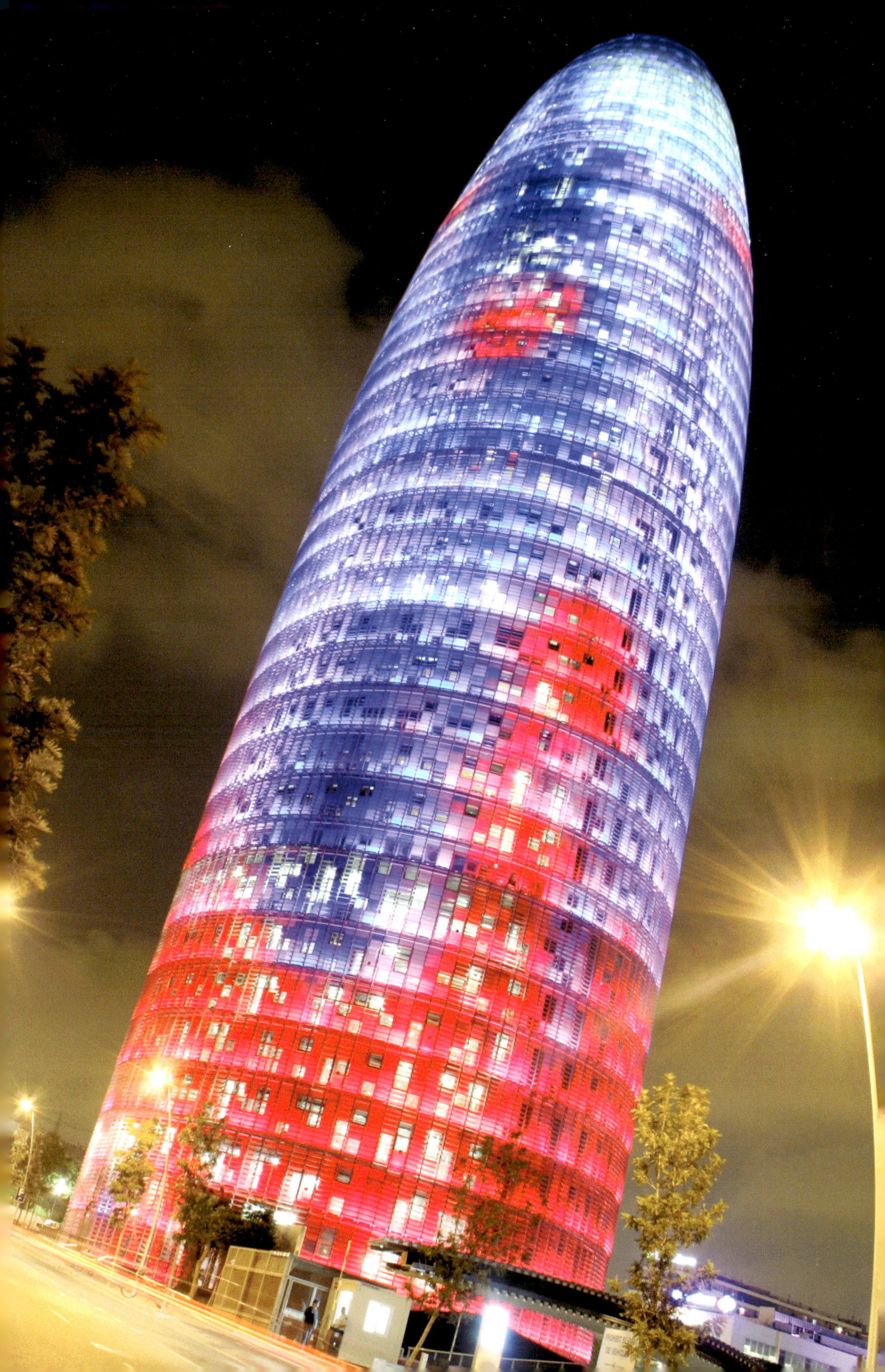

La gran esperanza para el alumbrado es la producción de LED blancos de gran intensidad. De sus ventajas se beneficiaría la propia sociedad. Entre el 20 y el 30 por ciento de la electricidad generada en los EE.UU. se dedica al alumbrado. Ahora bien, ni siquiera los mejores sistemas empleados logran convertir más del 25 de la energía eléctrica en luz. Cuando se consigan LED blancos con una eficiencia similar a la que tienen hoy los diodos fotoemisores rojos, se podrá reducir la demanda energética y recortar en unos 300 millones de toneladas al año la cantidad de dióxido de carbono expulsado a la atmósfera.

La primera empresa que fabrique en masa LED blancos de gran intensidad se hará con el mercado mundial del alumbrado, cifrado en 12.000 millones de dólares. Ante semejante perspectiva, Philips, Osram Silvana y General Electric están invirtiendo muchísimo dinero en la investigación y desarrollo de la técnica LED. Con el mismo aliciente aparecen nuevas empresas, tales como LumiLeds, un consorcio entre Philips y Agilent Technologies.

Lo último de la tecnología LED son las telas con electrónica embebida. La irrupción de los diodos luminiscentes en los mercados de consumo se acelerará gracias a la última generación de esta tecnología: los OLED, sigla que designa unos *sustratos orgánicos O*, delgadas láminas de cristal que emiten luz cuando a través de ellas se hace pasar un flujo de energía.

En estos momentos, los investigadores están trabajando en la hipótesis de dotar a los OLED de una mayor flexibilidad, acercándola a la del papel, tal será su versatilidad. El grupo de fotónica textil de Philips ha conseguido embeber diodos orgánicos bajo la superficie de telas para hacer que un flujo de píxeles generados electrónicamente modifique su aspecto visual. Así, bajo la apariencia de un tejido corriente se ocultará un sistema electrónico de gran flexibilidad mecánica, y a la vez robusto. En la reciente feria IFA, celebrada en Berlín, la firma holandesa presentó dos desarrollos rutilantes. Un sofá cuyo tapizado emite formas luminosas, lo que abre nuevas perspectivas al diseño de interiores, y una serie de prendas deportivas que incorporan información programable -la identificación de un jugador, o el número de faltas que ha cometido, por ejemplo-, lo que ya empieza a extenderse al diseño de moda (Pasarela Cibeles) y al interiorismo. Pero también podrá convertirse en un medio publicitario cambiante conforme con las necesidades. Y, cómo no, los OLED son ya un nuevo recurso para el diseño gráfico y la comunicación visual en las nuevas generaciones de la señalética corporativa, cuya última expresión en nuestro país ya se adivina en la maqueta del arquitecto Norman Foster del nuevo estadio del Futbol Club Barcelona.

El lugar de la experiencia emocional

Todas las investigaciones que he llevado a cabo confirman un hecho cierto e indiscutible. La tan traída y llevada "experiencia emocional" es uno de los factores más psicológicos de la satisfacción del público. Y solamente se experimenta como sensaciones y como experiencias vividas realmente, en los lugares donde uno asiste. En la comunicación ambiental ligada a los servicios y a la información señalética, uno de los objetivos consiste precisamente en concebir este espacio como *el lugar de la experiencia emocional*. Este fenómeno psicosociológico explica el por qué las empresas e instituciones quieren mostrarse cada día con más empeño como *marcas corporativas* -es decir, globales en su singularidad única- que gratifican emocionalmente al público. Más que un valor añadido, se trata de una estrategia de interacciones, haciendo vivir a sus clientes y visitantes experiencias emocionales distintivas y basadas en la idea de *calidad generalizada*.

De hecho, la señalética corporativa tiene la capacidad de presentar un marco y un espacio únicos. La identidad del lugar hace de él *el lugar de la identidad*. En la estrategia corporativa, "*lugar físico* de la identidad" propiamente dicho, sólo hay uno. Es el medio ambiente, el espacio concreto (y la red de espacios así caracterizados y coordinados: red, franquicia, cadena) que los públicos se encuentran a su paso y donde ellos realizan sus acciones relativas a los servicios, que implican el contacto y la relación directa con la empresa a través de sus empleados y son, en buena medida, los cimientos de la fidelización.

Ya hemos destacado, más arriba, la importancia y las ventajas de la señalética corporativa como medio de comunicación. Es cierto que hay otros muchos soportes de identidad tradicionales, como el *packaging*, la publicidad y los medios que la difunden. Pero estos soportes están ligados al producto y a la marca más que a la institución y a la venta. Y sólo pueden identificar *a distancia* "el lugar" por excelencia, que son estos espacios corporativos donde nacen y se desarrollan los productos, los servicios, las marcas, la cultura corporativa, la calidad, y donde se realizan las transacciones. Aquí, como hemos visto, intervienen con fuerza todos los recursos estratégicos, creativos y tecnológicos capaces de generar en el público sensaciones y experiencias estéticas y emocionales innovadoras.

La señalética corporativa, en la misma medida que opera en el lugar de acción y, por tanto, lugar de experiencia directa y real de los individuos con la empresa, pasa a formar parte (tanto o más importante aún que el producto) de los componentes estratégicos del negocio. El tema tan actual de la "experiencia emocional" que todos quieren "hacer vivir" al cliente, no se da realmente en los media o en los anuncios, pues éstos procuran exclusivamente percepciones y recuerdos, pero no *sensaciones vividas*. Las experiencias, las sensaciones, las emociones y las vivencias sólo se generan en el lugar donde se obtienen los servicios, los productos. Ahí se viven emociones en directo en el entorno envolvente y se establece una *relación* interactiva con el personal de la empresa. Relación que es indispensable para la fidelización duradera.

La experiencia emocional sólo se vive en *el lugar* que ha sido preparado estratégicamente para que ésta se produzca. Porque ese lugar de la identidad ha sido concebido *también* para eso, ya se trate de un espectáculo de luz y color en movimiento, de un edificio que cambia de colores, de un lugar de ocio o de una tienda de artículos para el recién nacido y la futura mamá. No es lo mismo una cena en el restaurante de Ferran Adrià que llevarse la misma comida para cenar en casa. En el l*ugar de la identidad*, el entorno, su magia, el servicio, la liturgia *son* la emoción. No es lo mismo para un niño pasar un día en el Zoo, el Acuarium, el Museo de la Ciencia, Disneylandia o asistir al Cirque du Soleil, que ver todo esto en la tele desde casa. *La experiencia emocional sólo es posible vivirla en "el lugar de la identidad" que ha sido creado para este fin*. Y donde el público es *actor* y no simple espectador.

La empresa, la institución, la marca poseen identidades poliédricas. Los logos, la arquitectura, el interiorismo, los envases y embalajes, el escaparatismo, la publicidad, el sitio *web*, los productos mismos, los servicios, los documentos que se utilizan, el trato de los empleados a sus clientes, son facetas diversas de una misma Identidad. Es en el centro mismo de este conjunto estratégico *inter media*[23] donde se sitúa *el lugar* de la identidad. Y en él, el lugar insustituible de la experiencia emocional.

Todos estos recursos forman parte de la Identidad y la Imagen Corporativa, junto con la identidad cultural de la organización, la calidad del trato y del ambiente, los servicios, la información señalética y la satisfacción del cliente. En este conjunto de estímulos motivantes, cada elemento y cada función particular es, al propio tiempo, generador de identidad, de imagen y de recuerdo. La "gestión del vínculo" con los públicos es el lazo de la fidelización. Ella tiene ineludiblemente un componente emocional irreemplazable. La comunicación interpersonal cliente-empleado; la calidad del servicio y del ambiente arquitectónico corporativo son, definitivamente, los vectores de la competitividad en directo. Y de la estrategia de comunicaciones integradas en el marco de nuestra economía de la información.

[23] Véase: J. Costa, el caso Séphora Blanc en *La imagen de marca*, Paidós Ibérica, 2004.

Bibliografía complementaria*

* Los títulos aquí presentados complementan los que se han citado a pie de página.

AAVV
Les technologies de l'intelligence, Ed. de la Découverte, París, 1990

E. Bachelard
La poètique de l'espace, P.U.F., 1957

E. Baer
Signposts: Spanish. Cambridge Univ. Pr., 1990

R. Caude / A. Moles
Méthodologie, vers une science de l'action, Gauthier-Villars, París, 1964

J. Cayrol
De l'espace humain, Seuil, París, 1968

J. Costa
Imagen pública. Una ingeniería social, Fundesco, Madrid, 1992
La comunicación en acción, Paidós Ibérica, Barcelona, 1999
DirCom on-line, Grupo Editorial Design, La Paz, 2004
Identidad televisiva en 4D, Grupo Editorial Design, La Paz, 2005

J. Costa / A. Moles
Imagen didáctica, Enciclopedia del Diseño. Ediciones Ceac, Barcelona, 1991.

G. Dorfles
El kitsch, antología del mal gusto, Editorial Lumen, Barcelona, 1868

H. Dreyfuss
Designing for people, Simon & Shuster, New York, 1951

W. Evans
Signs, J. Paul Getty Museum Pubs., 1998

G. Fisher
Psychologie de l'espace industriel, tesis del Institut de Psychologie Sociale, Estrasburgo, 1974

J. Follis
Architectural signing and graphics, The architectural Press., 1980

E. Goffman
Behavior in Public Places, Free Press, Macmillan, New York, 1966

T. Hoban
I read signs, William Morrow & Co., 1983

H. Jaoui
Clefs pour la creativité, Seghers, París, 1975

A. Kaufmann / M. Foustier / A. Drevet
L'inventique, EME París, 1971

R. Leclerq
La Théorie de l'Heurístique et ses applications, (fuera de comercio)

A. Moles
La création scientifique, Kister, Ginebra, 1957. Hay versión española en Taurus, Madrid, 1986
Micropsychologie et vie quotidienne, Denoel-Gonthier, París. Hay versión española en Trillas, México, 1983
Psychologie du Kitsch, Denoel-Gonthier, París, 1971
Psychologie de l'espace, Casterman, París, 1972. Hay versión española en Ed. Ricardo Aguilera, Madrid, 1972

A. Moles / R. Caude
Creatividad y métodos de innovación, Ibérico-Europea de Ediciones, Madrid, 1977

O. Olea
Catástrofes y monstruosidades urbanas: la ecoestética, Editorial Trillas, México, 1989

Proshansky, Melson, Rivlin
Environmental Psychology, Hoalt Rinehart Winston, New York, 1967

S. M. Ribeiro de Souza
Del concepto a la imagen. Fundamentos del diseño de pictogramas, Tesis doctoral, São Paulo, 1992

A. Santfedele
Sign Language, Citadel Pr., 1992

V. Schwach
Psychologie des transports verticaux, Revue Neuf, Bruselas, n° 56, 1975

A. Schwartzman
Designage: The art of the decorative sign, Chronicle Books, 1998

M. Sims
Gràfica del entorno: signos, señales y rótulos, Gustavo Gili, Barcelona, 1991

J. Stenberg
Kitsch, Academy Editions, Londres, 1972

J. Sutton
Signs in action, Reinhold Studio Vista, 1963

Créditos fotográficos

Fuentes de las imágenes seleccionadas en la Parte 5

Agbar. Grupo Aigües de Barcelona
Aplicca, Identity Solutions
CCI, Centre Pompidou
CIAC International
Colección Joan Costa
Créé, París
Departamento de Transportes de los EE. UU.
Esso Standard, París
Gilles de Bure
Hiro Yamagata
Museo Guggenheim Bilbao
Peter Klasen
Sebastián García Garrido
Signes